艺·术·教·育·前·沿·论·丛

这说明，在中国传统文化中，真正的艺术都在表现一种自然特有的和谐，而这一和谐的重要标志就在于是否出现一种与自然界生态发展规律一致的“可持续发展过程”。从这个意义上说，所谓艺术效法自然，决不单纯是模仿自然的表面形象，而主要是效法自然的和谐以及由这种和谐而导致的生生不息的发展过程。正是从这个意义上说，艺术同自然一样，都是人类本来意义上的家园，无怪乎许多真正进入艺术的人总觉得艺术就是自然，一进入艺术就有一种落叶归根之感。

其实，艺术表现的和谐以及由此导致的可持续发展过程，不仅是自然的规律，也是一种最高的智慧，因而也是文化得以繁荣和发展的关键。能够经常窥见艺术这种可持续发展过程的人，也就是窥见到宇宙中最高级的智慧和获得进入真正的和谐状态之机会的人。由此可见，艺术绝对不是常人认为的玩物，而是和谐之源，从中流出的，是涌动不息的生命之泉。只要接触艺术和欣赏艺术，这富有生命活力的甘泉便会滋润干渴的嘴唇，使心田之苗茁壮成长。久而久之，这样的人就有可能成为一个和谐的和发展完美的人，而一个发展完美的人本身就是一件艺术品。如果一个社会由这样的人组成，整个社会也就成为和谐的社会。

艺术如此重要，可惜当今社会中相当多的人并不懂得艺术和不重视艺术。许多所谓艺术家，甘作艺术匠人，一味制造那些毫无创造性的艺术垃圾；许多所谓的艺术明星，把艺术当作自己头顶的光环和炫耀的资本。在他们的心灵深处，艺术不过是一种人自身在社会中地位的标志和虚假包装物。更遗憾的是，很多人过着远离艺术的生活，就好像艺术是一个遥远星球上的事情，与己无关，可有可无，因而也就理所当然地把艺术视为学校教育中的副科，必要时可以被其他课程取代和占用。

古今中外，许多有识之士都表达了这种思想。中国古代大教育家孔子认为，乐是使人超越自身并达到最终成功的东西。中国近代大教育家蔡元培认为，艺术是使一个民族素质得以提高和得到振兴的关键，他不仅力主各级学校开设艺术课程，还提出以美育代宗教的学说。西方学者巴赞(Jacques Barzun)认为，一个社会只有同艺术结婚，才能生出文化之子；如果与艺术离异，只能导致野蛮，这个社会随之会变成文化的沙漠。日本有一幅获国际大奖的音乐演出广告，上面画有几个在战场上疲惫不堪正走向死亡的士兵，其广告词解释说：“没有音乐，人类就会干出像战争这样愚蠢的事情。”

结果，在当今的中国社会，甚至连一些有知识的博士、硕士也不能辨别真假好坏艺术，不能把握和欣赏各种经典艺术。我在北大教过的一个研究生曾作出这样的反省：平时欣赏一些名画、名曲、名著等，只知道很好，但不知道好在哪里，它们表现的深刻意义，也挖掘不出来。这一反省告诉我们这样一个事实：一个人仅仅具备某种单一的专业知识，还不等于有文化素养。即使侥幸成为某一专业的“精英”，也只能是一种“封闭型精英”，即仅有一技之长，而对社会和人类的感情、对艺术的意味和自然的美、对其他专业和领域一无所知的人。

更遗憾的是，在当今的中国，很多人大谈生态，大谈自然的可持续发展，却忽视了一个社会以及个人（尤其是那些作为精英的个人）的可持续发展。一个社会或一个人是否达到可持续发展的重要标志，是具有一个海纳百川、时刻准备与异质事物对话的开放心理和心态，而艺术恰恰是造就这种心态的重要途径。

当然，艺术虽然能净化心灵，能使人的精神更加空灵和高尚，但并非所有人都能接受艺术之恩赐。即使是非常美好、非常生动的艺术，也不是对人人有效。对艺术的创造、接受和欣赏，是一种高级的文化素质。而获取这种素质的重要捷径，就是艺术教育。然而，不是所有的艺术教育都具有这种功能。就我国目前情况来看，有使人文化素质和艺术能力越来越强的艺术教育，也有将人培养成艺术呆子和艺术工匠的艺术教育，而后者又在目前这一时期占据绝对优势。这种艺术教育就是那种一味向学生灌输艺术技法的教育。在这种教育中，所谓艺术课，就是灌输唱歌和画画的技巧，而很少指导学生阅读和讨论与艺术作品有关的美学的和历史的资料，更不注意培养他们对艺术作品的欣赏和批评能力。学生在这种课上用不着动脑子，学不到什么知识，更不能提高智慧。既然学艺术已不能获取知识和开发智慧，也就与学校教育的总目标无关，怎能不沦为一门副科呢？

与之截然不同的是当今方兴未艾的综合艺术教育或生态式艺术教育。这种教育是对以往那种由机械式科学观造就的陈旧教育观的巨大挑战。在它看来，与机械科学观对应的近代教育，仅仅是为了培养一种具有专门知识的专业人和技术人，而不是培养一种综合了高级人文素质和科学素质的智慧人。这种教育从小学起就开始分科，随着从小学到研究生的逐渐升级，分科也越来越细。在分科过细的情况下，各科之间必然各行其是，相互之间无任何联系，很难建立起学科之间的生态关系。一个在分科教育中的学生也许学习了很多门功课，每门功课都得到良好的成绩，但由于其各种专业知识之间很少发生“关系”，无法形成一个动态的整体，因而也就无法得到与这个整体对应的真正的智慧。

按照综合教育观，一个仅仅具有专业知识的人与一个具有智慧的人是不可同日而语的。专业知识不能等同于智慧。知识仅仅是获得智慧的一个前提。如果硬是把各种知识塞进学生头脑，每一种知识在头脑中各占一格、互不联系，那么知识塞得越多，心灵中"自我思考"、"自我想象"、"自我判断"的领地就越小。当心灵完全被塞满时，"自我"就被完全排斥了。被知识塞满的头脑只能变得呆傻。而这些越学越傻的人在当代一般被称为"单视野的人"、"生物人"、"文明的野蛮人"、"破碎的人"、"考试人"、"有 IQ 而没有 EQ 的人"。

相反，如果各种知识在人的头脑中建立起一种生态系统，相互之间形成一种紧密的联系，具有碰撞、对话和交融的机会，就有可能产生智慧，人就有可能变成一个智慧的人。在这种生态关系中，不仅有各种知识之间的对话和交融，还有构成自我的各种要素——感觉、意象、观念（包括意识与无意识）、感情、生活态度、信仰、知识之间的碰撞、对话和交融。这些异质要素之间相互碰撞和交融的结果是碰撞出智慧的火花。一句话，智慧决不是纯粹的信息，而是信息与自我深层碰撞对话的结晶。通过这种对话和联系，综合性教育培养的是一种"开放型"的人。这种人就是现代社会要求的"全面发展的人"、"文化人"、"贯通而求洞识的人"、"通达而识整体的人"和经常获得"芝麻开门"式的智慧的人。

就综合艺术教育来说，它具有以下几个最重要的特点：

1. 它是一种促进音乐、舞蹈、戏剧、视觉艺术和其他人类知识之间的相互联系的教育，它所说的综合，不是上述各种艺术的机械相加，而是建立一种使各门艺术互补互生的生态关系。

2. 它是一种将艺术学习必须经历的感知与体验、创造与表现、反思与评价贯通为一体的艺术教育。也就是说，学生的任何创造和表现必须有感知与体验作基础，而感知与体验必须有一个创造和表现的任务作为驱动力。

3. 它是一种将艺术与人的生活、情感、文化、科学认识联通一体的教育。这样的教育能把艺术学习与产生艺术的大环境紧密联系起来，使艺术学习变得更加容易和自然。

可以看出，这种艺术教育已不仅仅是在教学生如何画画和唱歌，还要使学生有机会接触人类迄今为止所产生的种种经典艺术和其他伟大文明成果，而对这些艺术的知觉、理解、欣赏和评论，又能全面而有效地提高学生艺术创造能力和文化素质。这样的艺术教育不仅包括学习艺术创作，还包括学习艺术批评、艺术史、美学等。当然，其他如哲学、人类学、考古学、心理学、社会学等不同学科的知识，也应当适度地融合进去。更进一步说，这种综合式艺术教育不仅注重各门艺术之间的对话、交叉和贯通，还注重艺术精神向其他学科的渗透。

这种教育不仅有丰富的生态理念作指导，还有种种行之有效的方法。近年来兴起的生成式教学法就是一例。这种方法依据的前提是对学生自然创造能力的无比尊重，教师须基于学生自己的动作、声音和设计开展启发式教学活动。教师为学生提供的技术支持和帮助，是为了促使学生的创造力得到自然喷发。因此，作为一个艺术教师，决不能一上来就把自认为最基本的技能和知识强加给学生，而是在创造活动进行时自然地将它们诱导和呈现出来。换句话说，教师必须耐心诱发学生对创造的自然需要，而不是急于激励他们追求所谓的艺术结果。过早地引导学生追求某种结果，会改变其生产和创造的性质。因此，尊重学生自然创造力的教师，就像大海航行时摇橹的艄公，而艄公的最大特点就是每遇到风浪时必须观察自然、尊重自然，根据自然情势待机而动。所以这种教学已没有一种固定不变的模式，教师必须根据课堂的发展和学生的心理变化进行灵活的掌握。具体说来，在这种教学中：

1. 教师必须特别重视并引导学生对周围环境作多方面和多角度的直接知觉，以丰富他们的内在意象。在这之后，还要通过各种手段，刺激其感性记忆，唤起他们的感情，诱导他们的动作和行为。为鼓励他们为知觉到的意象和早期经验赋予形式，教师应积极引导他们作联想、想象和符号运作活动。

2. 教师必须鼓励学生与其他学生合作，一起动手做事。也就是说，要鼓励他们把内心创造出来的或唤出的意象用特定的媒介和形式表现出来。可以说，每一艺术领域都以其特殊的方式为学生提供实现或再现其内在意象的手段，使儿童熟悉和实践这些不同手段，是教学的一个重要步骤。

3. 教师要为学生提供观看、倾听或欣赏自己的同桌或其他同学作品的机会。通过鼓励学生对自己体验到的东西的反思或思考，他们就能把握自己的作品或其他人作品中展示出的情感层次。在很多时候，这种反应或反思又会转变成新的刺激，激发出新一轮创造过程，产生新的产品。

当然，以上提及的综合艺术教育理念和方法，还没有达到完美无缺的程度，需要不断改进和提高。它的长足发展，需要学校和社会在观念方面作出彻底转变，真正认识开展综合艺术教育的意义，而这很难在一夜之间完成，需要一个痛苦而长期的认识过程。

必须看到，在当今世界，艺术已成为展示一个国家综合国力和能否立足于世界民族之林的重要砝码。美国人率先制定"国家艺术课程标准"，把艺术定为基础教育的核心学科，并一再促进艺术的综合以及艺术学科同其他学科的连接，就是因为他们感到艺术教育对提高国民素质至为重要。而采取这一措施的直接动因，就是发现美国在空间竞赛中一度被前苏联超过。当他们追究背后的原因时，才发现苏联人因有发达的艺术教育而造就了高素质的人才。美国人深深感到，自己在艺术教育方面已远远落后，必须急起直追。美国人还深刻认识到，未来社会的竞争，如果单纯从经济和技术方面考虑，就必然失败。只有把人的文化素质考虑进去，才能在竞争中立于不败之地。而提高文化素质之最迅速、最有效的途径，就是实施健康而有效的艺术教育。美国艺术教育之所以正一步步从单纯技术型走向人文型，从单科走向综合，与这一考虑不无相关。

按道理说，实施综合艺术教育，我国是最有优势的，因为综合艺术教育在我国先秦的"乐教"中就已经得到全面体现。在先秦之后，这一传统也一直或明或暗地持续着。今天是把它重新发掘并令其长足发展的时候了。

继承和发扬中华民族优秀艺术教育传统，完善和发展综合艺术教育，造就高素质人才，正是开发这一套《艺术教育前沿论丛》的宗旨。为适应综合艺术教育的需要，本丛书将收进美学、艺术学、美育学、文化学、艺术治疗等方面的著作，既有国内作者的著作，也有国外大家的作品。只要内容深刻，针对性强，富有趣味，都可收入。考虑到某些读者的需要，有些著作还可能以图文并茂的方式呈现。

在本书编辑、组织和出版过程中，得到南京出版社的大力支持，在此表示感谢。

2005 年 7 月 16 日

（作者系南京师范大学教科学院特聘教授，中国社会科学院研究生院博士生导师，中华美学学会常务副会长，本丛书主编之一）

目录

引言

一 视觉文化传播时代的到来

长久以来，西方文化一直把语言看作智性活动的最高形式，而把视觉表象看作阐释观念的次等形式。自上世纪80年代末以来，“语言学的转向”似已寿终正寝，越来越多的思想家迷恋于“视觉的转向”、“图像的转向”或“视觉文化的转向”。[1]视觉文化作为一个新的学术研究热点，向传统的言语霸权提出了挑战。随着大众媒介技术的不断提升，如今人们对世界的理解，多靠图像模式而不仅仅是以单纯的文本模式来把握，人们开始对那种把世界只看成语言“逻各斯中心”的观念提出了重大挑战。视觉文化研究逐渐成为文化研究的前沿性研究领域，并在近几十年成为了文化的重要形式。[2]

什么是视觉文化？W.J.T.米歇尔在《图像转向》中指出：视觉文化是指文化脱离了以语言为中心的理性主义形态，日益转向以形象为中心，特别是以影像为中心的感性主义形态。视觉文化不但标志着一种文化形态的转变和形成，而且意味着人类思维范式的一种转换。[3]也如美国纽约州立大学教授尼古拉·米尔佐夫所言，“新的视觉文化的最显著特点之一是把本身非视觉性的东西视像化。如通常所说，视觉文化

[1] W.J.T.米歇尔：《图像转向》，范静晔译，载《文化研究》第3辑，天津社会科学院出版社，2002年版。

[2] 阿莱斯·艾尔雅维茨著，张云鹏译，《视觉文化，艺术及视觉研究》，载《河南大学学报（社会科学版）》2005年第5期。

[3] W.J.T.米歇尔：《图像转向》，范静晔译，载《文化研究》第3辑第17页，天津社会科学院出版社，2002年版。

研究的是现代文化和后现代文化为何如此强调视觉形式表现经验，而并非短视地只强调视觉而排除其他一切感觉"❶。视觉文化的研究远远超出对图像的研究，"观看，可以说是人类最自然最常见的行为，但最自然最常见的行为并非是最简单的。观看实际上是一种异常复杂的文化行为。我们对世界的把握在相当程度上依赖于视觉。看，不是一个被动的过程，而是主动发现的过程。"❷

❶ 尼古拉·米尔佐夫：《什么是视觉文化》，王有亮译，载《文化研究》第3辑，天津社会科学院出版社，2002年版。

❷ 周宪：《读图、身体、意识形态》，载《文化研究》第3辑第68页，天津社会科学院出版社，2002年版。

视觉文化是伴随着大众传播媒体兴起而开始兴盛的，以电视、电影、报纸、互联网等为代表的大众传播媒体所制造出的种种视觉符号充斥着我们整个生活空间。可以说视觉文化就是一种视觉文化的传播过程。视觉文化传播是指经由形象媒介，特别是影像媒介，对广义的可视形象实施传播而形成的一种文化现象和传播形态。❸20世纪40年代，传播学开始作为一门独立学科而初具规模。70年代以来在电视、报纸等大众媒体的触动下，西方出现了信息革命、信息爆炸现象，如美国学者托夫勒所言，人类社会在继农业化、工业化后，迎来信息化的"第三次浪潮"。此时，有的学者将视觉文化研究范式引入大众传播领域，开始分析与争论影像（图像）是摄影师的机械化的反射，还是有思想性的对事件的表达。至20世纪末，视觉文化传播研究已成为大众传播研究领域前沿性研究范畴。

❸ 孟建：《视觉文化传播：对一种文化形态和传播理念的诠释》，《现代传播》，2002年第3期。

视觉文化的研究最早可以追溯到匈牙利著名理论家巴拉兹，1913年他在《可见的人——电影文化》中第一次提到了"视觉文化"的概念。❹德国哲学家海德格尔20世纪30年代提出：我们正在进入一个"世界图像时代"，指出了世界作为图像被把握和理解。❺60年代，法国哲学家居伊·德波写下了视觉文化的代表作《景象社会》，大胆宣布"景象社会"的到来。❻丹尼尔·贝尔在《资本主义文化矛盾》中也用较长篇幅谈到了视觉文化，他认为"当代文化正在变成一种视觉文化，而不是印刷文化，这是千真万确的事实。"❼历史学家丹尼尔·布尔斯廷1962年在《形象》中提出图像是与语言、思想同样的重要观念，正是这一变化造成了传媒假事件。❽他认为新闻往往变成媒介经过设计而刻

❹（匈）巴拉兹·贝拉著，安利译，《可见的人——电影文化》，中国电影出版社，2000年版。

❺ 孙周兴选编：《海德格尔选集》，上海三联书店，第899页，1996年版。

❻ 居伊·德波著，肖伟胜译，《景象的社会》，载《文化研究》第3辑，天津社会科学院出版社，2002年版。

❼ 丹尼尔·贝尔著，赵一凡、蒲隆、任晓晋译，《资本主义文化矛盾》，三联书店，1989年版。

❽ Daniel Boorstin: The Image: A Guide To Pseudo-Events In America, New York: Atheneum, 1985, pp.11-12.

意制造出来的新闻。这与美国传播学者丹尼尔·戴扬和伊莱休·卡茨提出的“媒介事件”的观点十分相似。

视觉文化研究真正进入大众传播领域是在20世纪70年代末期。围绕着视觉实践形成了一些专业性的研究团体，如美国新闻与大众传播教育协会视觉传播分会（Association for Education in Journalism and Mass Communication，简称AEJMC）。视觉文化传播研究还引起了著名思想家詹姆士·凯里的关注，他在美国伊利诺斯州大学建立了一个视觉研究会。此后，越来越多的国际性杂志开始关注这一领域的研究，陆续出版了一些视觉特刊，包括《传播》（格里芬，1992）、《新闻教育者》（巴恩赫斯特，1992）[1]。在1993年于美国华盛顿举办的国际传播协会ICA年会上，还成立了以拉里·格罗斯、凯文·巴恩赫斯特、迈克尔·格里芬为筹划指导委员会的视觉传播兴趣小组。视觉文化传播研究在1999年逐渐走向了成熟，在同年墨西哥举行的ICA年会上有许多重要的视觉研究论文被宣读。在近年来的ICA年会中视觉研究方面发表的论文仍层出不穷。

[1] Kevin G. Barnhurst, Michael Vari, and Ígor Rodríguez: Mapping Visual Studies in Communication, Journal of Communication, December 2004.

在西方，学者们从各个层面对视觉与视觉文化传播进行了专门性的探讨，出版了众多丛书、专著、读本和文献综述。主要专著有：玛丽塔·斯特肯《看的实践：视觉文化导论》，吉丽安·罗斯《视觉方法论：视觉客体通释》，阿莱斯·艾尔雅维茨《图像时代》，马丁·杰伊《低垂的眼睛：20世纪法国思想中对视觉的贬低》，J.伯格《看的方式》，维克托·伯更《在/不同的空间：视觉文化中的地点与记忆》，莫尼克·西卡尔《视觉工厂》，卡洛琳·M.布鲁墨《视觉原理》等。

论文集有乔安妮·莫柔、M.史密斯主编的《视觉文化：媒体和文化研究中的关键概念》，霍尔·弗斯特主编的《视觉与视觉性》，瑙曼·布瑞森、米歇尔·安·霍里、凯斯·莫克西主编的《视觉文化：图像与阐释》，伊安·赫伍德和贝瑞·桑迪威尔主编的《阐释视觉文化》等。

文献和综述有N.莫佐夫主编的《视觉文化读本》和《视觉文化导论》。这些研究对理解视觉和视觉文化具有重要意义。

中国的视觉文化研究起步并不晚，近年来更是发展迅速，并且出现了一批翻译和介绍西方有关视觉文化研究成果的文献。

钱钟书很早就在诗画研究中对比过中西有关眼睛、视觉的论述，❶叶维廉则在研究道家知识论时总结出“看”的六个特点，❷龚鹏程也在考察中国人“游”的方式时专门讨论了“观”与“见”的文化传统。❸

中国早期的译著有卡洛琳·M.布鲁墨的《视觉原理》，近几年有关译著数量陡增，其中包括英国学者马尔科姆·巴纳德的《理解视觉文化的方法》，❹阿莱斯·艾尔雅维茨的《图像时代》。2005年，中国人民大学出版社出版了“视觉文化系列”论文集译本：《视觉文化的奇观——视觉文化总论》、《凝视的快感——电影文本的精神分析》、《形象的修辞——广告与当代社会理论》等。2006年出版了美国学者尼古拉斯·米尔佐夫的代表作《视觉文化导论》，2007年还翻译出版了理查德·豪厄尔斯的《视觉文化》等译著。

2002年，《文化研究》第三辑以“视觉文化研究”为专题进行了学术探讨。其中，从宏观角度进行研究的论文有：美国学者W.J.T.米歇尔《图像转向》和尼古拉·米尔佐夫《什么是视觉文化》，以色列学者伊雷特·罗戈夫《视觉文化研究》，法国学者居伊·德波《景象的社会》，中国学者倪梁康从现象学哲学的角度所写的《图像意识的现象学》。从个案入手进行研究的有：汉密尔顿《法国平民主义摄影》，徐旭《狂欢在秋雨中的身体》，程文超《波鞋与流行文化中的权利关系》等研究论文。

在视觉文化研究领域，南京大学的周宪发表了众多有影响的论文，《视觉文化的消费社会学解析》、《视觉文化的转向》、《视觉文化：从传统到现代》、《视觉消费的文化解析》、《视觉文化与消费社会》等。❺张舒予的《视觉文化概论》一书从提高中国人的视觉素养与技术创新角度出发对视觉素养作出了全面的阐释。李鸿祥《视觉文化研究》则从当代视觉文化与中国传统审美文化间的相互关系入手作了深度剖析。一些选本也开始出现，如罗岗、顾铮主编的《视觉文化读本》，根据所论的侧重点不同，分别选取了一些重要的论文。此外，国内学者贾树枚、陈龙主编的视觉文化传播的介绍性书籍《视觉文化传播导论》也正式出版。

在国内视觉文化传播领域，复旦大学在这方面发展较为突出，率先在全国成

❶ 详见钱钟书《七缀集》中《中国诗与中国画》、《读〈拉奥孔〉》两篇，上海古籍出版社，1994年版；《管锥编》第二册714—715页，中华书局，1986年版。

❷ 叶维廉《中国诗学》51—55页，三联书店，1992年版。

❸ 龚鹏程《游的精神文化史论》第六章“游观中的自然”，河北教育出版社，2001年版。

❹（英）马尔科姆·巴纳德著，常宁生译，商务出版社，2005年版。

❺ 周宪，《视觉文化的消费社会学解析》，《社会学研究》，2004年第5期，第58—66页。周宪，《视觉文化的转向》，《学术研究》，2004年第2期，第110—115页。周宪，《视觉文化：从传统到现代》，《文学评论》，2003年第6期，第147—155页。周宪，《视觉消费的文化解析》，《中外文化与文论》，第11辑，四川大学出版社2004年版，第159—168页。周宪，《视觉文化与消费社会》，《福建论坛》，2001年第2期，第29—35页。

立了校级的学术机构“复旦大学视觉文化研究中心”，并于2004年5月召开了“中国首届视觉传播国际研讨会”，这是我国第一次召开的以视觉文化传播研究为主题的国际研讨会。并出版了国内首本视觉文化传播的理论书籍——《图像时代：视觉文化传播的理论诠释》。此外，复旦大学视觉文化研究中心副主任顾铮的《现代性的第六张面孔》，张殿元的《广告视觉文化批判》也都属于视觉文化方面的研究专著，该研究中心主任孟建发表了视觉文化传播研究领域重要的学术论文《视觉文化传播：对一种文化形态和传播理念的诠释》。

通过对相关研究文献的回顾，我们发现，视觉文化传播研究特别是视觉文化研究在国外已属于传播学研究的新领域，并形成了研究热点。在我国学界，视觉文化的研究多集中在文艺学、人类学学科领域，抑或是艺术学科对视觉表现的实践探究，而在传播学领域虽有所发轫，但研究成果较少。

二　视觉文化与跨文化传播研究

视觉文化的兴起与跨文化传播的高关注度都与大众传播的兴盛息息相关，在全球化语境下，视觉文化传播越来越标注上了跨文化的印记。以影像传播为特征的视觉文化正通过日渐便利的媒介传播渠道向全世界推广开来。好莱坞的电影几乎占领着全球影院票房纪录榜；日本的漫画书籍和动画片充斥着别国的报摊和电视频道；互联网传输技术的不断提升，使美国电视台播出的最新电视连续剧可以在24小时内翻译制成非英语字幕影片，免费提供他国受众下载。如今我们比以往任何时期都要迅捷地享受到跨文化传播的文化产品，体验着全球化带给我们的最新文化成果。但是，看似简单易懂的视觉影像真的已成为全世界人类共通的“语言”么？虽然全球化一体的进程日渐体现出了人类各民族文化不断交流融合的趋势，但在全球文化的交流与互动过程中，尚存在着严重的媒介信息编码失误和媒介信息译码误读等问题。从严格意义上说，目前世界上国际或人群间的所有冲突，都与这种交流媒介编码失误和交流媒介译码误读相关。[1]文化间的差异和文化认同的多元性使世界上人们的交流不如想象中的简单，西方文化中心主义、文化帝国主义、后殖民主义、新老种族主义等思潮隐藏在跨文化产品中，在满足人们文化生活需要的同时，不断解构和建构着人们对世界的理解和态度。在这种背景下，视觉文化的跨

[1] J.Z.爱门森，N.P. 爱门森.《世界文化和文化纷呈中的传播策略》，载《国际跨文化传播精华文选》浙江大学出版社，2007年版。

文化传播研究正逐渐成为学者们日渐关注的显学。

跨文化传播研究开始于二战时期的美国，美国学者E.T.霍尔开创了跨文化传播研究的领域，他对跨文化传播研究的贡献有四点：1. 从关注单一文化到两种文化比较；2. 从文化的宏观层面转向微观层面；3. 将文化同传播过程相联系；4. 让人们注意到文化对行为的影响。[1]20世纪60年代，跨文化传播课程正式进入美国高校，到70年代末，几乎所有美国重点大学都开设了跨文化传播学课程。从70年代开始，国际传播协会（ICA）正式承认跨文化传播学作为传播学的一个分支学科，并在协会下成立了跨文化传播分会。同时，美国的言语传播协会（SCA）在协会下设了国际与跨文化传播委员会，并于1974年创办了《国际与跨文化传播年刊》，1977年国际跨文化教育训练研究学会创办《跨文化关系国际刊物》。虽然美国跨文化传播研究没有摆脱本位主义文化立场，研究领域多集中在本国的中心领域，缺乏对东西方民族文化系统和文化心理差异的研究，但在跨文化传播理论发展方面研究成果卓著，1983年出版的美国首卷《跨国、跨文化传播年鉴》就开始收录了不同文化背景下的人际传播研究理论，1988年第二卷中加入了实证研究。至90年代，美国学者加强了美国与别国跨文化传播的研究，但这一研究视角仍深深局限于美国文化思维中。美国加州州立大学的威廉·B.古迪孔斯特教授（William B.Gudykunst）对美国跨文化理论进行了梳理，并将其分为五类：1. 有效结果效应的理论；2. 调适理论；3. 认知管理理论；4. 传播网络理论；5. 面对新文化的移入/适应理论。[2]

[1] Hammer, M.(1995).Lecture in Cross-Cultural Communication in International Communication Program: 33.642.The American University, Fall Semester.

[2] 古迪孔斯特，《美国跨文化传播理论综述（一）》，载《国际跨文化传播精华文选》，浙江大学出版社，2007年版，第38页。

美国文化大量的输入使欧洲学界维护和发展欧洲文化的要求越来越强烈，欧洲从20世纪80年代开始关注跨文化传播研究，到90年代，欧洲相继涌现出了《跨文化关系国际杂志》、《语言与跨文化传播》、《跨文化传播季刊》等学术刊物。欧洲希望通过保持文化多样性来摆脱美国文化对欧洲的优势性影响。

在中国，直到20世纪80年代末才从国外引入跨文化传播的理念。90 年代中期大陆学术界出版了由中国学者撰写的跨文化传播著作。据统计，20世纪90年代以来，中国的跨文化传播研究主要集中于十大议题：翻译中的跨文化问题、商业与跨文化问题、跨文化交际、文学作品中的跨文化问题、旅游与体育活动中的跨文化现象、教育与跨文化、跨文化心理、不同文化间的比较、跨文化传播理论、艺术表现形

式与跨文化传播。❶

❶ 单波：《寻求多元化认同的媒介空间》，载《跨文化传播新论》，单波编，武汉大学出版社，2005年版，第3页。

目前，国内尚无关于跨文化传播学的专门学术期刊，跨文化传播的学术论文主要散见于传播学和外语类的学术期刊中。国外跨文化传播学的名著近年来相继在国内翻译出版，如美国拉·A.萨默瓦（L. A. Samovar）等著的《跨文化传播》、跨文化传播研究奠基人霍尔的《无声的语言》、莫藤森（S. Mortenson）的《跨文化传播学：东方的视角》等。这些译著的出版对该学科在国内的研究与发展起到了积极的推动作用。美国与欧洲跨文化传播研究对东西方跨文化交流关注度的提升，无形中增加了中国与国际跨文化传播研究学者们的学术交流机会。早在1991年3月，欧洲跨文化研究院就与中山大学合作，在中国召开了第一届跨文化国际学术研讨会。后又分别在北京大学、南京大学等国内著名高校举办了四届跨文化国际学术研讨会。此外，1996年，北京大学与美国肯特州立大学（Kent State University）共同举办了主题为"交际与文化——进入21世纪的中国与世界"的国际研讨会。2004年武汉大学举办了"跨文化传播国际学术会议"，并结集出版了《跨文化传播新论》论文集。

近年来我国跨文化传播方面的研究取得了长足的进步，但研究中尚存在明显的不足：1. 运用思辨式研究方法的多，基于定量研究方法和定性分析的实证性论述少；2. 一般性介绍多，有分量的著作少；3. 参与研究的学者中，语言学背景的最多，传播学的次之，心理学、社会学、文化人类学背景的较少；4. 研究中美之间跨文化传播的多，研究中国与其他国家之间的跨文化传播的少；5. 国际间跨文化传播问题研究的多，国内跨文化传播问题研究的少。❷

❷ 关世杰：《中国跨文化传播研究十年回顾与反思》，载《对外大传播》，2006年第12期。

视觉文化与跨文化传播研究是作为跨文化传播研究和视觉文化传播研究的学术交叉研究领域而存在的，研究问题主要是视觉影像的跨文化传播。视觉影像的跨文化传播研究与大众媒介密切相关，以影像为特征的视觉文化主要借助大众传播媒介进行跨文化传播，随着跨文化传播研究领域的扩大，众多学者也开始从视觉文化的角度出发阐发跨文化传播的论点。代表性论文有：约翰·A.兰特的《作为跨文化传播者的连环画艺术在东方与西方之间》，冯建三的《论港台英韩法印电影产业对文化交流的启示》，陈韬文《文化转换：中国花木兰传说的迪斯尼化与全球化》等。

随着当代传媒技术的发展，影视艺术获得了长足进步，逐步成为当前社会的主流艺术形态，逐渐占据了当前文化产品的中心地位。影视艺术在当前“视觉转向”的背景中，在其“视听”本体的背后，仍然蕴涵了作为一种世界观、意识形态的宏观本质。当影视艺术作为文化产品从经济发达国家贩卖到经济欠发达国家时，视觉文本的跨文化传播学意义不仅仅只停留在视觉符号编码与解码之间，其文本中镶嵌着的后殖民色彩对他国的受众们有着强加式的影响。这都是跨文化传播中亟待引起重视的问题。

三 作为跨文化影像文本的申奥片

德国著名电影理论家克拉考尔在论及电影作为视觉媒体的魅力时说，人们有着再现现实的永远冲动。[1]如今人们对于从未去过的国家和地区，可以通过媒介所传播的视觉图像来感知和把握。而由于视像的可模拟性，依托于视觉的国家形象也可以通过媒介予以建构。

[1] 梅琼林：《消费社会的视觉文化》，载《青年记者》，2006年05期。

作为跨文化影像文本的申奥片，其本质上是一种“宣传”工具。申奥片实际上是申办国家摄制的奥运形象宣传片的简称，它是申办国的申奥理念和申办国家综合实力的视觉展示。从其宣传内容上看，它包含两部分，第一部分为申办国家形象的展现，另一部分为申奥精神和理念的展现。两者由导演精心拍摄和编排，统一在5分钟左右的影像文本中，通过奥运申办平台向全世界进行国家形象的跨文化传播。申奥片既传达出申办国的体育理念与体育精神，又传达出国家的文化、政治与经济的综合实力。而由于各国申办奥运的理念不同，申奥片风格也不尽相同。申奥片或华丽或朴实，或重文化或重体育，或民族特色浓厚或国际化特征明显，但究其传播目的都是为了宣传本国形象，是成功获得奥运会主办权的视觉说服砝码。

申奥片是典型的跨文化传播的视觉文本，其跨文化传播途径具体又分为组织传播和大众传播两个阶段。第一阶段是申办阶段，属于组织传播过程。其宣传对象是国际奥委会中来自世界各个国家的一百多位评委。奥运会是一个巨大的跨国界的体育和传媒活动，每四年举办一次。电视、网络直播使“共时性”特征显著的奥运会影响力逐届扩大，奥运会也逐步成为世界各国争相申办的对象，因此国际奥委会对奥运申办国有着相应的物质、文化等保障要求，并要求在申办材料中予以证明。申奥片是奥运申办材料之一，是评审阶段唯一能以视觉呈现的综合性艺术手段，可以在紧张的争夺奥运会主办权的投票大会中发挥独特的艺术影响力，作用不可小窥。第二个阶段是申办与申办后期阶段，申奥片通过全球媒介的传播，实现了国家形象的大众传播过程。奥运主办权的投票评选也是四年一次，一般从申请奥运主办权的城市中预选出五个城市进行最终的全体评委投票选举，这一过程如今通过全球直播的形式向世界传播。因此，虽然申奥片要说服的对象是国际奥委会的评审们，但在投票会议的全球直播中，申奥片作为影像文本通过大众传播渠道进行着全球性的传播。作为国家形象的宣传片，它不仅传播给了本国受众，也通过全球媒介渠道传播到了其他申办国，乃至全世界。并且，在奥运会举办权尘埃落定后，申奥片影像也会作为经典影像资料上传到互联网上。申奥片长度一般在几分钟内，经过压缩后的视频短片十分适合上传至Youtube、MySpace等视频网站上让网民们分享。在Youtube网站中搜索“奥运宣传片（Olympics Promo）”字样，就搜索出442个各个国家各个时期与奥运宣传片相关的视频短片，其中仅观看了伦敦2012年申奥片的网民就达到了56 872人。[1]网络媒体的无国界传播特征更加明显，无疑给申奥片的跨文化传播提供了绝佳途径。

[1] 截至2008年3月18日Youtube网站搜索数据。

视觉文化传播不但标志着一种文化形态和传播方式的重大形成和转变，而且还意味着人类思维范式发生了重要转换。面对这一重要的文化转型和传播变革，这一领域的研究正在海内外学界迅速展开。在语言为中心的文化形态中，占据主导地位的是语言符号的生产、流通和消费。而在图像为中心的视觉文化形态中，占据重要地位是视觉文化符号的生产、流通和消费。其间，影视化的视觉文化符号的生产、流通和消费已成为世界范围内十分巨大的文化市场，而这一文化市场是在全球范围内展开的，这就使得视觉文化的传播越来越多的涉及到了跨文化传播的过程。

视觉文化在跨文化传播过程中并非一帆风顺，在后殖民主义社会中，经济欠发达国家欲提升本国的国家形象，重新建构在世界中的地位时，很容易遭遇经济发达国家“妖魔化”的刻意形象扭曲和媒介误读等传播问题。首先，在视觉文化产品的跨文化传播过程中，因为各国受众文化背景的不同，对文化产品会产生视觉符号上的编码和解码的偏差。对于这一问题，视觉文化素养是视觉文化产业从业人员应具备的素质。不仅要熟知本国文化，还应该掌握跨文化语境中的视觉符号的表征形式。建构国际化的传媒通道，增加国家话语权也是发展中国家媒介的发展方向。其次，如果说麦克卢汉是因为敏感地捕捉到传播技术对于地理距离的压缩而提出了“地球村”概念的话，那么，1969年美国政治家布热津斯基所提出的“全球化”概念则意在将美国作为完美的国家范型在全世界予以兜售，同时，要让人们放弃对“帝国主义”的批判。可见，“全球化”从一开始就被烙上了鲜明的政治目的，其目的是为了最大限度地赢取美国的国家利益。显而易见，“全球化”在某些程度上已成为了美国的一种权力话语。如今，随着旧殖民体系的瓦解，政治形态的殖民统治让位于经济形态的后殖民主义。后殖民主义更具有强烈的遮蔽性，以文化、经济产品，特别是以影视为代表的视觉文化产品为其遮掩，将美国的意识形态强加给经济欠发达国家。对于中国这样的发展中国家而言，面对视觉文化在跨文化语境中遭遇的问题，创造机会与扩大全球传媒渠道，打破对本国形象的误读，提升国家形象是需迫切解决的研究课题。

奥运会提供了提升国家形象的极好契机，美国东北大学体育研究中心迈克·凯里吉奇认为：“奥运会是观察体育在国家形象作用的重要场所。我们把自己的身份认同通过某个运动队与整个国家的身份形象挂钩，一旦比赛赢了，我们就会觉得这是国家的胜利，通常这是不流血的战斗。”国际奥委会在2000年的委员会上提出：“奥林匹克运动所推崇的绝不是一种标准的现代化或文化的单一化，更非欧洲化或西方化，未来的奥林匹克运动须是多文化的又是跨文化的。”到今天，奥运会不仅仅是一场体育竞技赛事，更代表着一种全球共通的文化理念，一场具有审美意义的文化盛典。[1]全球的高关注度会使奥运会主办国置于全世界的聚光灯下，借用全球媒介资源影响公众舆论，在世界公众心目中“投影”奥运会主办国的国家形象，借助大众传媒构建与国家本体相互支撑的良好国家形象。

[1] 罗新星：我国媒体在北京奥运报道中如何有效地进行跨文化传播，湖南大众传媒职业技术学院学报，2007 年第3期。

文本试图从奥运会申办宣传片这一跨文化传播的经典影像文本出发，为奥运申办国在国际舞台上建构国家形象提供视觉文化传播的符号分析框架。从对奥运会申办宣传片的视觉文化分析、国家形象的视觉表征、申奥片中的“文化混杂”、申奥片与国族身份认同的理论分析入手，以探讨全球化与国家形象传播间的建构和解构作用。

第一章 研究的理论视角

本研究涉及视觉文化传播理论和跨文化传播理论。视觉文化传播的分析方法包括符号学方法、意识形态方法、影视学方法。视觉文化传播研究是跨学科的研究，涉及传播学、哲学、艺术学、社会学、文艺美学等学科，对于视觉文化在跨文化传播中的考察需要符号学、影视学等理论的支持，以探求本文的理论意义。这诚如尼古拉·米尔左夫所言“视觉文化研究的成败可能有赖于它从跨文化的角度思考问题，要面向未来，而不是后视镜般的把人类文化学方法作为传统，亦步亦趋。”[1]跨文化传播理论涉及殖民与后殖民文化批评理论、文化混杂理论、文化身份建构与认同理论。这些理论为分析申奥片中申办国国家形象的建构提供了理论依据。

[1] 尼古拉·米尔左夫：《什么是视觉文化》，载《文化研究》第3辑，天津社会科学院出版社，2002年版，第10页。

第一节 视觉文化传播理论

一 符号学方法

在视觉文化传播过程中意义的形成与视觉符号息息相关。要研究视觉影像是如何变成信息，以及传播与接受的过程，就需要研究符号。而研究符号和符号运作的学问就是符号学。1964年，美国符号学家威廉·莫里斯在《意谓和意义》一书中就曾指出，符号学可以为一切科学提供一种工具，因为每一门科学都要应用符号并通过符号来表述它的研究成果，所以符号学是一种元科学。❶

❶ 马克斯·本泽、伊丽莎白·瓦尔特：《广义符号学及其在设计中的运用》，中国社会科学出版社，1992年版，第4页。

诞生于20世纪初的符号学在发展过程中逐步形成了不同的派别，分别是索绪尔语言学理论为开端的结构主义符号学，皮尔士为代表的科学主义倾向的逻辑符号学，卡西尔哲学的符号学美学，苏联与欧洲地区的文化符号学。其中影响最大的是以索绪尔、罗兰·巴特为代表的结构主义符号学。本文所要运用的符号学理论方法基本集中在结构主义符号学领域，以下是分析申奥片文本章节中涉及的符号学的一些概念。

1. 索绪尔：能指与所指，系谱轴与毗邻轴

瑞士的语言学家费尔迪南·德·索绪尔是符号学开创者之一。他毕生潜心研究语言是如何运作的，《普通语言学教程》由他两个学生根据听课笔记整理，并出版于他去世后的1916年。索绪尔提出了“语言符号连接的不是事物和名称，而是概念和音响形象。”❷语言符号是由“能指”（音响形象）和“所指”（概念）两部分构成。他认为所指就是使用某一符号的人所指的“某一事物”，或者说是符号的两个关系物之一，它与能指的唯一不同点在于能指是中介物。也就是说，当一种声音或音序（能指）用来表达某种概念（所指）时，一种语言就产生了。他又进一步提出，能指和所指之间并不存在固有的内在联系。索绪尔的“符号二重性”论在语言学研究领域是一个重大突破，它不仅表明了语言符号的本质，而且为研究语言以外的其他符号开辟了广阔的天地。我们可以根据能指和所指的二元关系，非常方便地解释一切符号现象，分清什么是符号，什么不是符号。❸

❷ 索绪尔：《普通语言学教程》，商务印书馆，2001年版，第101页。

❸ 翟丽霞、梁爱民：《解读现代符号学的三大理论来源》，载《外语与外语教学》，2004年第11期。

索绪尔的理论主要以普通语言学为研究对象，从总体性共时关系出发，对语言的独特结构关系进行了深入研究，认为语言符号系统是一个封闭、自给自足的价值系统。索绪尔这一强调事物自身结构系统的思维方式，被结构主义思想所采用。索绪尔对于系统观念的发现（或“顿悟”）以及在语言学上的成功应用有着里程碑式的作用。对此，布洛克曼评论说：“要是离开了语言学，无论是拉康的精神分析学还是罗兰·巴特的文学批评都是不可想象的。对于艺术、文学、哲学、心理学和社会科学等领域中结构主义所作的认识论研究来说，现代

语言学所起的作用，某种程度上相当于一种数学的作用。”❶

❶布洛克曼：《结构主义：莫斯科-布拉格-巴黎》，商务印书馆，1980年版，第95页。

索绪尔认为所有的讯息都涉及选择和组织（组合），而毗邻轴与系谱轴是符号体系被组成起来的基础方式。系谱轴是符号组成符码的方式之一，又称纵轴线，是被选用的符码所组成的一组符号，是一个可以选择各种元素的地方。它具有两个基本特征，一是同一系谱轴内各单元必有其共同之处，他们所共有的特质使他们同属于一个系谱轴，二是在系谱轴里同一个单元必与其他单元清楚区隔。文字是一个系谱轴，文字这个系谱轴里又可分出不同的系谱轴，如文法、动词、数字等。影视剧中变化镜头的方式也各成系谱轴。毗邻轴又称横轴线，是符号组成符码的方式之一，是被选用的符号所组成的信息，是一元素从系谱轴中被选择出来后与其他元素的组合。穿着、餐饮、室内装潢布置等都可以看成是毗邻轴。

2. 斯特劳斯：二元对立、模糊类目与跨界仪式

被列维-斯特劳斯称为二元对立的结构是通过创造符号与所要表达的意义进行“二元对立”，不断地进行隐喻和换喻的文化创造，并将时间与空间切割成一个个的片断，把外在于人类心灵的客体世界分门别类，形成人类所看到的世界的样子。❷在斯特劳斯看来，全人类的文化表象看似不同，但创造文化表象的人类心灵世界却是一致的，并且这个一致的基础就是人类以二元对立为创造模式的非理性、无意识。菲思克这样解释斯特劳斯的“二元对立”概念：二元对立是一种由两组相关联的类目所组成的系统，它最终可以最单纯的形式囊括宇宙万物。在最完美的二元对立中，任何东西若不属于类目A，即属于类目B。类目A的意义就在于它不属类目B。若没有类目B，类目A就没有边界，也就没有理由存在。如大与小，美丽与丑陋，明亮与黑暗都是二元对立结构的表现方式。在影视作品中导演往往喜欢用这种二元对立的结构方式来表现“冲突式”的镜头，增加剧情的可看性。

❷ 潘知常、林玮、曾艳艳：《结构主义-符号学的阐释：传媒作为文本世界——西方传媒批判理论研究札记》，东南大学学报（哲学社会科学版），2004 年5月，第6卷第3期。

在斯特劳斯看来二元对立的结构是人类所特有的，自然状况往往要复杂得多。大自然并不一定能这样明显地被划分为两个对立的状态，而是一个渐变的过程。如自然中的黑暗与光明之间并没有清楚、明晰的界线，是一个逐渐明亮或黑暗的连续过程。对于这样一些同时拥有对立二元属性的项目，斯特劳斯称之为模糊类目(也称中介项目)。当然模糊类目并非全部来自自然也来自文化。

斯特劳斯还提出跨界仪式的问题。由于类目之间跨界十分重要,因此所有的人类社会都制造出一套套的跨界仪式,用来舒缓从一种类目跨越到另一类目的困难。一般说来,要跨越的类目距离越远,其仪式就越精致、越重要。比如最近国内学者们热议的春节联欢晚会,❶就是一个典型的以"年"为类目的跨界仪式。电视节目中栏目的字幕也是一种跨界仪式的表现,它可以帮助受众区分栏目性质,调整观赏心态,如果没有这些跨界仪式,电视节目就有可能变得模糊不清。

❶ 参见有关论文:吕新雨,《吕新雨:仪式、电视与国家意识形态——再读2006年春晚》,潘知常,《想象中国的狂欢盛宴——春节联欢晚会与国族想象》。

3. 罗兰·巴特的两个层次的意义

索绪尔对符号的系谱轴和毗邻轴的分析,能引领我们了解符号是如何作用的。但他主要研究的是语言系统,着重于分析句子建构的各种复杂关系,以及句子的形式如何决定其意义。索绪尔分析仅集中在对文本的分析上,并不涉及文本中的符号与人之间的互动方式。而作为索绪尔符号学的追随者,罗兰·巴特创立了意义分析的系统模式。在索绪尔符号的表面性的意义(第一层次)基础上,罗兰·巴特提出了他的核心理论:符号含有两个层次的意义。

罗兰·巴特是法国著名的语言学家、符号学家和文艺批评家。他认为符号具有两个层次上的意义。第一层意义为明示义,第二层意义则由隐含义、迷思和象征三者组成。对于符号的第一层意义,他称为"明示义",这也是索绪尔分析的层面。明示义指的是直接明了的事物表层的意思,是一种客观的认知。第二层意义则包含隐含义、迷思和象征三个部分。隐含义包含了主观的意义产制,是符号使用者将其感受的文化价值观在符号互动后而形成的意义。

迷思(又称神话)是一种文化思考方式或是一种理解事物的方式,也可能是一种刻板印象。巴特认为迷思是一种文化思考事物的方式,一种概念化事物、理解事物的方式。迷思原本是某个社会阶层的产物,而这个阶层已经在特定的历史时期中取得主宰地位,因此,迷思所传播的意义必然和这样的历史情景有关。而迷思的运作就是企图否定这层关系。并将迷思所呈现的意义当作是自然形成的,而非历史化或社会化的产物。

象征是指当物体由于传统的习惯性用法而代替其他事物时产生的意义。如劳斯莱斯轿车、劳力士手表、爱马仕包都是财富的象征。巴特并未对"象征"概念作出明确解释，通常我们以隐喻和转喻来理解它。隐喻（Metaphor），是利用事物的“相似”与“相异”之处体现意义。诗歌、广告中使用极多，愈艺术性、愈含混的隐喻愈需要想象力。转喻（Metonymy）是以部分代表全部。是小说中主要的表现手法。转喻的选择具有关键性的影响力，因为透过这些转喻的选择，我们必须建构事实中未知的剩余部分。所有的新闻报道都使用了转喻，含有高度任意的选择性。

二 意识形态方法

对于视觉文化传播而言，掌握意识形态方法可以帮助我们更好地理解与揭示文本所包含的观念、信念、价值等因素。用这种分析方法可以揭示出过去与当下的社会状态。在大众媒介时代的“观看”行为中，受众对媒介的使用看似有着很大的选择权，但在当代传媒的视觉文本中不可避免地隐藏着强势阶级的意识形态，传播着作用于社会大众的强势阶级的价值观。在受众观看的同时不可避免地要受到影像中潜藏的意识形态的冲击，当然在当代传媒的影像中意识形态具有很强的遮蔽性，对受众的影响力是潜移默化着的。

意识形态研究虽与马克思主义批评理论有着密切的联系，但意识形态的分析方式并不只是让我们讨论资本家与普通劳动者之间的阶级差异，它更是针对隐藏在社会中的，已被大众视为理所当然的价值的讨论，以帮助我们解读文本中的真正意图。在当今社会，我们逐渐被电视、电影、互联网等视觉化的大众媒体所包围，而“在看的状态中，包含着复杂的意识形态内容，这些意识形态因素由于文化的遮蔽和常识的掩盖，一方面变得难以察觉了，另一方面又使得种种视觉行为似乎是自然而然的，没有什么值得深究的东西。”❶和语言文字的传播相比，视觉影像在传播中含括的意识形态观念更具隐蔽性。视觉文本单向性、顺序性的传播特性让受众不得不接受被迫式的观看方式，大众传媒便通过视觉的形式构建和传播着权力阶层的意识形态。据约翰·B.汤普森的观点，意识形态完全可以被定义为“为权利服务的意义”，因此对意识形态的研究要求我们的考察方式，不论是日常的语言表达还是复杂的图像和文本，意义都是通过各种符号形式来建构和传递。❷性别问题、种族问题、阶级问题以及广义的权力关系层层叠叠地隐藏在视觉表象下。视觉

❶ 阿恩海姆：《艺术与视知觉》，中国社会科学出版社，1984年版。

❷ 约翰·B.汤普森：《意识形态与当代文化》，剑桥：Polity，1990年，1994年再版，第7页。转引理查德·豪厄尔斯：《视觉文化》，广西师范大学出版社，2007年版，第59页。

文本中呈现在观者面前的视像都是经过编导、拍摄者观察角度及意识形态观念的“筛选”,而不可能是对真实环境的绝对描摹。

视觉文化传播研究应像布莱希特的“陌生化效果”概念所揭示的那样,打破停留在视觉表面上的假象,揭露隐含其中的复杂的意识形态。于是,我们对视觉文化传播文本的分析便不可避免地将视觉与意识形态理论结合起来。

1. 全球化、意识形态与大众传媒

葛兰西对“文化霸权”的论述究其实质正是对“意识形态的领导权”问题的研究。法兰克福学派的传播思想则集中在对“媒介控制”的认识上。他们认为,在发达工业社会中,大众媒介不仅是维护意识形态的工具,甚至已成为意识形态。而在日益流行的全球话语体系中,全球化已经成为了成熟的意识形态体系。各国,特别是文化帝国在意识形态的作用下,利用文化产品自觉、不自觉地传播与建构着自身的形象,挤压、甚至“妖魔化”他国形象,为自身全球化战略服务。吉登斯认为,全球化的热情吹鼓手们把商业、贸易、市场跟意识形态挂钩挂得太紧,把全球化变成了代表跨国公司、大资本财团利益的一种意识形态,一种对于未来的导向。[1]在全球经济一体化的今日,意识形态不但没有削弱,反而有加深的趋势。在全球化政治、经济、文化的密切交往中,各国彼此间正是通过意识形态的认知方式了解对方。意识形态是每个人认识世界,理解他人的价值判断系统,并通过符号、影像、语言传达出各自的意识形态特征。正如阿尔都塞所言,所谓意识形态,“是个体与其真实的生存状态想象性关系的再现。”“意识形态是一个诸种观念和表象的系统,它支配着一个人或一个社会群体的精神。”[2]意识形态以其“物质性”特征发挥着意识形态国家机器的作用,而在全部人类社会历史中,意识形态则承担着主体建构者的角色,即意识形态的功能,就是将“个体召唤为主体”。

当今社会,占据强势经济地位的西方国家日益把握着全球化的意义生产。吉登斯指出:“全球化的意义生产是由西方的跨国资本主义利益集团来主导的。”[3]而全球意义生产又以美国为首,美国在政治上控制着全球的话语权,第二次海湾战争虽然遭遇联合国与众多国家的抵制,但美国政府仍一意孤行地发动了对伊战争。经济上它也扮演着绝对的全球领袖角色。眼下,美国的“次贷危机”不仅使美国经济遭受重创,也

[1] Antony Giddens, Keynote Speech at the United Nations Conference on Social Development Newsletter (Autumn 96/Winter97), p.2.

[2] Louis Al-thusser, Ideology and Ideological State Apparatuses, in Slavoj Zizek, ed., Mapping Ideology, London: Vero, 1994. p.120.

[3] 史安斌:《全球网络传播中的文化和意识形态问题》,载《新闻与传播研究》,2003年第3期。

深刻影响到了全球经济的走势。美国的加息、减税等刺激经济的策略可以迅速影响到全球的金融市场，“美国伤风，世界感冒”这一形象比喻在这轮经济危机中得到了更切实的反映。由此，经济全球化所产生的对危机的传递与放大功能也正引发人们的思考。在文化上，美国隐蔽地制造着的观念、符号、象征、形象系统以在思想上、文化上引领着全球一体化发展趋势。利用美国好莱坞电影、迪斯尼娱乐的快餐式文化作为文化领域意识形态的表征符号侵入别国，特别是第三世界的文化领域。因此，以美国为首的西方意识形态和价值观念不仅是西方社会意识形态的核心组成部分，也随着政治、经济、文化全方位的侵入，已成为全球性的话语符号。

2. 民族主义

民族主义在意识形态研究领域中是较为现代的术语。最早使用该词汇是在18世纪末期，德国哲学家戈特弗里德和法国神父奥古斯丁·德·巴鲁尔使这一词汇具有了社会和政治上的内涵。直到20世纪，“民族主义”才有了更为丰富的含义：民族主义作为“某一群体争取和维护自治、统一和认同的意识形态运动”❶或“不断地塑造我们的意识和我们构架世界内涵方式的话语体系。”❷其比较认可的定义是英国学者厄内斯特·盖尔纳的描述：“民族主义首先是一条政治原则，它认为政治的和民族的单位应该是一致的。……民族主义作为一种情绪或者一种运动，可以用这个原则作最恰当的界定。民族主义情绪是这一原则被违反时引起的愤怒感，或者是实现这一原则带来的满足感。民族主义运动，是这种情绪推动的一场运动。”❸

安东尼·史密斯对以往的民族主义的现代主义、永存主义、原生主义三种范式进行了梳理，在此基础之上提出了“族群-象征主义”的民族主义范式和理论。❹安德森在《想象的共同体》中提出了关于民族与民族主义的新理论典范。他将民族、民族属性与民族主义当作一种“特殊的文化的人造物”看待。并且这种“人造物”会变得模式化，并被移植到各个社会领域中去，与各种政治和意识形态组合，也可能被这些力量吞噬。安德森回避了民族的客观性，而是以主观主义为其定义，他认为民族“是一种想象的政治共同体——并且，它是被想象为本质上是有限的，同时也享有主权的共同体。”❺从中可以看出，安德森所定义的“想象的共同体”并不是人类

❶ SMITH A. Nationalism－ Theory, Ideology History [M]. Cambridge: Polity Press, 2004. preface.

❷ ZKIRIMLIV. Theories of Nationalism－A critical Introdaction [M]. Macmillan Press Ltd., 2000.p.4.

❸ 厄内斯特·盖尔纳著：《民族与民族主义》，韩红译，中央编译出版社，2002年版，第1页。

❹ 安东尼·史密斯：《民族主义——理论，意识形态，历史》，叶江译，上海世纪出版集团，2006年版，第10页。

❺ 本尼迪克特·安德森：《想象的共同体——民族主义的起源与散布》，吴叡人译，上海世纪出版集团，2005年版，第8页。

的虚假意识，而是当作“社会事实”来看待。民族主义从美洲起源，再散布到欧洲，以至亚洲、非洲，是与资本主义发展过程相似的“不平均与合并的发展”方式进行着的。安德森还认为民族主义是与爱国主义和种族主义有着不同的立场。“民族”的想象是和种种个人无可选择的事物，如出生地、肤色等密不可分。无可选择、生来如此的“宿命”，使人们在“民族”的形象之中感受到一种真正无私的大我与群体生命的存在。民族在人们心中所诱发的感情，主要是一种无私而尊贵的自我牺牲。❶

❶ 本尼迪克特·安德森：《想象的共同体——民族主义的起源与散布》，吴叡人译，上海世纪出版集团，2005年版，第12页。

民族主义是支撑民族国家参与奥林匹克运动的政治基础，也是冲击奥林匹克运动独立性的介入力量。曾经“民族主义者把体育当作抵制全球化的工具”。❷自上个世纪90年代开始，作为民族主义延伸行动的抵制奥运会行为的威胁力量不断下降。以民族国家为依托的对奥运会主办权的争夺说明了民族主义和全球化并行的趋势，用民族主义的理论来对民族国家形象在不同文化体系中的传播现象进行考察，是十分行之有效的理论工具。

❷ Alan Bairner. Sport Nationalism and Globalization [M].State University of New York Press, 2001.

三　影视学方法

1. 视知觉理论

在西方文化史上人们一直抱有知觉和思维的“二分”观，普遍认为感性知觉对于人类的认识活动虽是不可或缺，但它也是低级的、混乱不清的。只有抽象思维能力才是大脑中高级的认知活动。巴门尼德就曾竭力主张把知觉活动与理性活动明确地区分开来，认为只有理性才能纠正感觉的错误，最后达到对真实的把握。直到20世纪中期，从事人文艺术创作和从事科学思维创作的人们之间还互相抱有敌视的态度，认为感性与理性、艺术和科学之间是水火不相容的关系，相互缺乏交流和沟通。在这种背景下，美国心理学家阿恩海姆开始探索如何弥合感知与思维、艺术与科学之间裂缝的研究历程。在他看来，正是西方文化中这种“知觉偏见”导致了当今社会感性与理性、艺术与科学之间的分裂。因此，他提出了“一切知觉中都包含着思维，一切推理中都包含着直觉，一切观测中都包含着创造”的重要思想。❸在此基础上他又明确地提出了“视觉思维”这一崭新的概念，并用大量的知觉心理学试验和艺术实践的事实材

❸ 阿恩海姆：《艺术与视知觉》，中国社会科学出版社，1984年版，第5页。

料对“视觉思维”进行了系统而深入的研究。

在阿恩海姆看来，人类并不是靠语言（词语）或概念来进行思维活动的，而是通过视觉思维活动中的“意象”这一媒介来运行。也就是说，当我们在想到“法国”这个概念时，即使人们没有去过法国，但在思维中也会出现埃菲尔铁塔、巴黎圣母院等视觉（心理）意象。当然这种意象的构建是建立在当今大众媒体对国家形象再建构的基础之上的，是一种对客观现实的影像模拟，但不可否认这种思维是以某种意象作为出发点或基础并通过知觉的选择作用而生成“心理意象”。这种意象的形成，其实是心灵对感性事物之本质的解释的产物，它不是对物理对象的机械复制，而是对其总体结构特征的积极主动的把握。❶这种以视觉意象为中介的思维实际上是一种创造性思维，它无论对科学还是对人文艺术都是不可缺少的。正是因为在知觉中包含着思维成分，在思维活动中也包含着感性因素，所以“才使人类的认识活动成为一个统一或一致的过程——这是一个从最基本的感性信息的‘捕捉’到获得普遍的理性概念的连续统一的过程”。❷

❶ 汪振城：《视觉思维中的意象及其功能——鲁道夫·阿恩海姆视觉思维理论解读》，载《学术论坛》，2005年第2期。

❷ 阿恩海姆：《艺术与视知觉》，中国社会科学出版社，1984年版，第202页。

后现代主义学者们也十分关注阿恩海姆有关视知觉的观点，布迪厄认为，其实所谓具有艺术天赋的人和我们原本并无根本的不同，只是前者的眼睛是已经接受了艺术编码的眼睛，所以它能够识别艺术品；而后者的眼睛没有接受过艺术训练，所以它对艺术品的观看只是“天真的”观看。人的艺术直觉是社会建构的，它包含有意无意的解码操作。布迪厄说：“在某种意义上，我们可以说，看的能力即是知识或概念的功能，也就是词语的功能，即可以命名可见之物，就好像是感知的编程。只有当一个人拥有了文化能力，亦即拥有用以编码艺术品的代码，一件艺术品对他而言才具有意义和旨趣。”❸

❸ Bourdieu, P., The Field of Cultural Production: Genesis and Structure of the Literary Fiedl, (ed), Randal johnson, Cambridge: Polity Press, 1993, pp.216 -217 转引朱国华：《艺术编码的社会条件——管窥布迪厄艺术社会学》，文艺理论研究，2004年第4期。

视知觉的理论为我们进行视觉文化传播的研究提供了最为基本的理论依据，让我们得以将视觉文化作为人类的一种重要的思维活动以分析与思考。并且，在阿恩海姆的《艺术与视知觉》一书中，其艺术形式的理论总结也为我们具体分析视觉文本提供了有益的帮助。

2. 影像的结构形式

美国电影理论家温斯顿在《作为文学的电影剧本》中指出："所谓电影语言，应该包括两个部分：句法文化，结构形式。"❶影视作品是由不同景别、不同长度的镜头所构成，镜头可以说是影视艺术中最基本的组成单位。从最早的电影到今天的电视、纪录片等影视作品，结构形式不断演进，不同时代的导演与作品对结构形式的不同认知，产生了具有各个时代特征的影视理论。英国电影理论家林格伦认为，如果把电视看成电影的延伸，那么电视除了它本身的技术特点所造成的不同风格之外，并没有形成任何新的基本原则，而且现在也难于看出电视能形成任何新的基本原则。意大利著名导演罗西里尼也认为，在电影与电视之间，毫无差别可言，不论荧幕大小，我想的、说的和做的都是同样的事物。❷可见，电视的视觉语法规则都来自电影，从电影艺术中吸取养分。当然，电视技术的发展提供给了电视以共时性的特征，我们可以通过直播的形式第一时间感受到节目的现场感。这点是电影和电视及新兴影视艺术形式之间的差别。

❶ D.G.温斯顿：《作为文学的电影剧本》，中国电影出版社，1983年版，第一章。

❷ 邵长波：《影像结构形式的演进》，载《浙江广播电视高等专科学校校报》，1996年。

爱森斯坦在谈到影视作品的结构形式时说："如果一部作品中充满了良好的建筑材料，但是却没有组成一个建筑艺术的整体，没有得到工程技术上合理的安排，那就不必指望有什么'不可抗拒的'感染力。"❸但是在早期影像中，受制于技术的匮乏，影视语言是以单镜头结构形式出现的，只能是对现实照相式的摹写。

❸ 邵长波：《影像结构形式的演进》，载《浙江广播电视高等专科学校校报》，1996年。

20世纪初，苏联导演和理论家率先提出了蒙太奇结构影片的理论，而最早对这种结构进行探索和实践的是美国导演D.W.格里菲斯。蒙太奇镜头可以根据导演的意图创造出不同的景别，电影开始真正走向了艺术。

蒙太奇原本是法国建筑学中专有词汇的译音，原意是连接、装配、构成之意，是指把各种不同的零散材料安装组合在一起。而在影视界则用蒙太奇这个词来代表镜头的组接。普多夫金认为："以若干镜头构成一个场面，以若干场面构成一个段落，以若干段落构成一个部分等等，这就叫蒙太奇。"❹电影、电视画面就是以蒙太奇的剪切方式将一个个琐碎的镜头按逻辑、视觉习惯拼贴在了一起。在申奥片这样的宣传片中，要求在短时间内传达出大量的信息，因此蒙太奇的处理方式至关重要。日本著名电

❹ 邓烛非：《蒙太奇理论研究中的若干问题》，北京广播学院出版社，2000年版，第78页。

影美学家岩崎昶说蒙太奇“简直像咒文那样神秘，那样吸引人”。蒙太奇的本质是一种结构方法，林格仑在《论电影艺术》一书中写道：“任何特定场面中的全部动作都是由一大堆琐细的运动组合起来的……通过蒙太奇，电影导演可以把乱糟糟的日常生活中的那些无意义的穿插删除，集中注意于重要的细节，以便明白地表现出他从乱糟糟的日常生活中提炼出来的生活形式。”因此他得出这样的结论：“蒙太奇基本上是一种处理现实的手法，也是对现实的研究。”[1]蒙太奇是电影时空的结构方法，这里所说的电影时空，无论是一部影片、一个段落或者一个属于不同时空的部分或要素所构成的镜头，它们都是以整体形式出现的。[2]根据剧情需要，导演需要选取代表性的片断并用引人入胜的方式组合排列，通过蒙太奇技巧构成一种与生活场景类似的影视时空。

[1] 欧纳斯特·林格仑：《论电影艺术》，中国电影出版社，1978年版。

[2] 邓烛非：《电影蒙太奇概论》，中国广播电视出版社，1998年版，第125页。

20世纪中期以后，蒙太奇在影视中的主导结构形式受到了法国的安德列·巴赞和德国的齐·克拉考尔为首的纪录派理论的挑战，纪录派理论提出了长镜头理论。导演运用景深镜头来做场面调度，延长镜头的长度，并取消了分切镜头，取消了蒙太奇的核心结构方式，巴赞认为：“景深镜头不是像摄影师使用滤色镜那样一种方式，或像某种照明的风格，它是导演手法上至关重要的一项收获，是电影语言发展史上具有辩证意义的一大进步。”

在电影、电视史的结构形式演进中，从早期的单镜头到分镜头、长镜头，影视艺术语言有着长足的进步，这为丰富影视作品的艺术性带来了技术上的可能。通过对影视作品镜头的处理方式可以帮助我们进一步分析导演在影像中的视觉表征作用。

第二节　跨文化传播理论

从学理上说，跨文化传播指属于不同文化体系的个人、组织、国家之间所进行的信息传播与文化交流活动。跨文化传播的核心是它的“跨文化”。这种跨越不同文化体系的传播行为在其发生、发展的过程中，参与者不仅依靠自己的代码和编、解码方式，而且同时也了解并参与对方的代码和编、解码方式，是一种互动的传受活动。[3]跨文化传播学最初起源于文化人类学，直到20世纪70年代末才作为一门学科在美国文化学者的推

[3] 童兵：《试析跨文化传播中的认识误区》，载《跨文化传播新论》，武汉大学出版社，2005年版，第379页。

动下得以形成。虽然发展迅速，但并没有形成完善的理论系统。

在麦克卢汉“地球村”的预言下，全球一体化进程不断加剧，特别是随着交通、媒体通讯、卫星技术的不断进步，使跨文化传播活动成为常态。实践领域的超前发展召唤着学者们对跨文化传播行为的理论指导。跨文化传播研究对象是文化与传播之间的关系，与新兴交叉性学科一样，在没有形成系统的理论框架前，跨文化传播理论借助着哲学、社会学的一些理论作为其对现实文本的分析方法。研究路径一是强调文化对国际传播的影响。主要研究后殖民时代文化帝国主义的影响，代表人物有萨义德、汤普森；研究路径二是强调国际传播对文化的影响。主要探讨大众媒介对人们意识形态的入侵、改造和殖民过程。代表人物有葛兰西、马尔库塞、本雅明、马特拉、马克·波斯特等。

近年来，国际上逐渐形成了一股跨文化传播的研究热潮，许多不同情境、身份下的研究成果层出不穷。这些理论试图描绘和解释人际传播、跨种族传播、跨代传播中的种种问题。许多理论已经获得了大量研究成果的支撑，跨文化传播逐渐成为一门显学。美国加州州立大学威廉·B.古迪孔斯特教授就把美国跨文化传播的理论梳理为七个门类与三个主要的切入点。三个切出点是：1. 在传播理论中文化被纳入传播过程；2. 设计理论来描述或解释跨文化传播的差异；3. 设计理论来描述或解释来自不同文化背景人们之间的传播活动。到目前为止，又以从第三个切入点建立的理论为最多。[1]七个门类是文化传播理论、文化变异性理论、侧重有效效应的理论、侧重调整或适应的理论、侧重身份协商或身份管理的理论、侧重传播网络的理论、侧重文化适应与调整的理论。

[1] 威廉·B. 古迪孔斯特：《美国跨文化传播理论综述》，载《国际跨文化传播精华文选》，浙江大学出版社，2007年版，第37页。

跨文化传播理论琐碎繁杂，因此只能对涉及本文的相关理论作简要梳理。

一　殖民与后殖民文化批评理论

当帝国主义在全球迅速扩张后，列宁、卢森堡等马克思主义者都坚决地批判殖民主义。随着冷战的结束，西方殖民势力撤离殖民地后，“西方”仍从经济到文化对“东方”进行着控制、支配和渗透。随着全球一体化进程的加速，帝国主义似乎被穿上了一层“皇帝的新衣”，学者们对日渐变化中的世界开始反思，特别是东西方左翼学者从文化角度对殖民主义与后殖民主义进行了一系列的反思，对第三世界国家所经历的殖民统治影响下的政治、经济、文化进行批判，对殖民主义进行了拆解。1978年，萨义德的《东方学》为我们开创了后殖民文化理论的新路径，斯皮瓦克、霍米·巴巴紧随其后，对殖民话语进行反思，扩展了后殖民文化理论的研究领域，在帝国主义国家产生了深远影响。概括讲，后殖民主义批评群体可以归为以下三类：其一，是有着欧美文化和学术背景的学者，如弗雷德里克·詹姆逊；其二，是那些出生在第三世界国家并接受其文化教育，现在西方研究和居住的学者，包括萨义德、德里克、斯皮瓦克、霍米·巴巴等；其三，是居住和工作在第三世界的作家、诗人和革命者，包括印度诗人阿贾兹·艾哈迈德、尼日利亚作家阿契贝以及阿尔及利亚后殖民主义理论的先驱弗朗兹·法农和西印度群岛的艾米·塞舌尔等。❶

❶ Charles E. Bressler, L iterary Criticism – A nIntroduction to Theo ry and Practice, p.263 – 277. 2nd ed, Penice – Hall, Inc. Simon & SchusterÖAV iacom Company, 1994.

后殖民主义理论是作为对西方中心主义权威话语的解构，其缘起有着全球化的思想和历史背景，但利用这一来自西方理论的框架、方法和概念对第三世界国家进行横移式的批判时，应在与本国现实语境与理论本体的结合中发轫。如果一味强调民族主义情绪就容易造成对后殖民主义的误读。对于许多带有民族主义情绪的第三世界受众来说，后殖民主义批评的吸引力在于迎合了自我“本真性”诉求以及民族复杂情绪。我们将后殖民批评理论运用到对视觉文本的跨文化传播研究时，应该吸收其反中心主义、反本质主义，及其对世界文化的多元、多极、多样化的关注等内容，而不是情绪化的排斥与对抗。只有这样，才能帮助经济欠发达国家的文化得到长足发展，以提升本国在国际上的国家形象。

二 文化混杂理论

殖民宗主国的文化侵略给殖民地和附属国带来了深深的殖民烙印。长久以来形成的东西方文化差异虽在最短的时间内被打破，但西方文化已渗透到了东方文化之中。宗主国也从殖民地文化中汲取了相应的养分。虽然存在流动性的不对等，但各文化间确实存在互相交杂的现象。因此福柯说：“一切文化都是你中有我，我中有你，没有一种文化是独立的和纯粹的，所有文化都是杂交的、异质的、千差万别的和多元的。”❷后殖民主义学者霍米·巴巴从解构主义立场出发，更进一步地提出了“文

❷ 福柯：《规训与惩罚》，生活·读书·新知三联书店，2007年版，第331页。

化混杂"(Cultural Hybridity)的理论。他认为,不同民族的文化无论优劣大小总是呈现出一种"混杂"的形态,特别是在全球市场化、信息化、网络化的今天,文化交流如此迅速和频繁,民族文化之间的混杂及由此引起的变化广泛而深刻,民族文化要保持自己鲜明独特的民族性已成为不可能的事实。殖民地宗主国文化也逐渐丧失。"那些作为文化之间进行比较的基石的东西,比如同质化的、自愿的、临近的历史性传统的传播,或者有机的种族社区,正面临着重新定义的深刻过程。……我们倾向认为,精神的爱国热情这方面有着压倒一切的例证,说明了想象社区的混杂特点的跨国性和'译转'性。❶

后殖民时代的一个显著特点是文化殖民,在西方意识形态大举入侵的时期,作为发展中国家并不一定要采取一切否定的态度,大胆地学习西方先进文化技术,提升国力,应保持"师夷长技以制夷"的态度与决心。既然"民族文化的'本土性'既非统一的也非仅与自身相关联,它也没有必要仅仅被视为与其外在或超越相关联的'他者'。"❷

❶ H.K.Bhabba, (1994)The Location of Culture, London and New York: Routledge. p.5,转引姜飞:《跨文化传播的后殖民语境》,人民大学出版社,2005年版,第119页。

❷ 霍米·巴巴:《民族与叙述,伦敦和纽约》,路特利支出版社,1990年版,第4页。转引陈义华、刘飞:《后殖民语境下的中国文化身份建构》,吉首大学学报(社会科学版),2005年10月,26卷第4期。

三 文化身份建构与认同

文化认同,就是指对人们之间或个人同群体之间的共同文化的确认。使用相同的文化符号、遵循共同的文化理念、秉承共有的思维模式和行为规范,是文化认同的依据。❸认同是文化固有的基本功能之一,拥有共同的文化,往往是民族认同、社会认同的基础。而个人对社会的认同,主要体现在个人的社会化,即对社会所创造和拥有的文化的学习与接受。社会对个人的认同,则体现在社会的基本文化规范在个人中的普及、推广和传播。人与人之间在文化上的认同,主要表现为双方相同的文化背景、文化氛围,或对对方文化的承认与接受。

❸ 崔新建:《文化认同及其根源》,北京师范大学学报(社会科学版),2004年第4期。

在《文化认同与漂泊离散》一文中,斯图尔特·霍尔强调,文化身份能够被不断地创造与建构,并与多重文化相互牵制。他将文化认同分为三个阶段:1. 启蒙时期:认为主体是完整且统一的;2. 现代主义:认为主体是经由个人与社会团体的互动所产生的,社会将个人依性别、阶级、文化、种族等身份地位加以划分,形成个人与他者之间的关联与重要性;3. 后现代主义:认为主体是破碎的、有分歧的，身份会随着时空的不同而改变，文化认同也会不断持续进行。霍尔的文化身份认同观既关联着形成，也关系着存有；即涉及过去，也涉及未来；既涉及个人如何定位自我，也涉及他者如何看待个人。用他的话说："文化属性非永久固定于质化的过去，而是在历史、文化与权力之间不断'游戏'中的主体。"也就是说，在主体不断被置换的过程中，文化认同总是存在着某种程度的开放性与模糊性的。❶在《谁需要认同？》一文中，斯图尔特·霍尔强调身份认同其实是一种由话语实践所建构起来的临时附属物，他认为，"我用'认同'意指一种交汇点，一种缝合点，它的一边是尝试进行质询的话语与实践，对我们进入一种特殊话语的社会主体位置进行责备或者欢呼；它的另一边是主体性生产的过程，使我们成为可被'言说'的主体。认同因此成为一种由散漫的运作而为我们所建构的主体位置的临时附属物。"❷

大众媒体的日渐兴盛，使全世界间文化交流得以加强，并逐渐打乱了传统社会原有的认同模式和认同格局，现代性促使社会在转型过程中引发了空前的全球文化认同危机。亨廷顿在他的著作《文明的冲突与世界秩序的建构》中也有所描述："90 年代爆发了全球的认同危机，人们看到，几乎在每一个地方，人们都在问'我是谁？'，'我们属于哪儿？'以及'谁跟我们不是一伙？'等"❸。这显然是全球化的进程带给世界的认同危机。这其中，文化帝国主义已成为西方发达国家的思维惯习，正通过经济领域的全球化来实现对第三世界的后殖民统治。但作为第三世界国家也完全没有必要因噎废食，不必过分担心本国文化传统的丧失而反对向西方学习，或者因为要面对全球化而反对或放弃自身文化。第三世界国家完全可以参与全球化进程的竞争，没有必要担心这会妨碍自我对本国文化身份建构与认同。全球化的趋势并不能改变一个民族国家的生活方式。构成文化核心深层次结构的是那些把不同民族文化加以区分，以构成全球文化多样性的根本特质。诚如本尼迪克特所声称的"文化是通过某个民族的活动而表现出来的一种思维和行为模式，一种使该民族不同于其他民族的模式"❹。

❶ Hall, S. (1990). Cultural identity and diaspora. In J. Rutherford (Ed.), Identity: Community, culture, difference (pp. 222-237). London: Lawrence &Wishart. Hall, S. (1992). The question of cultural iden2tity. In S. Hall, D. Held, & T. McGrew (Eds.), Moder2nity and its futures (pp. 273 - 316). London: The OpenUniversity.

❷ The question of cultural identity. In S. Hall, D. Held, & T. Mc Grew (Eds.), Modernity and its futures (pp. 273 - 316). London : The Open University. 转引曾军：《视觉文化与观看的政治学》，文艺理论研究，2007 年第1期。

❸ 亨廷顿：《文明的冲突与世界秩序的建构》，新华出版社，1998年版，第129页。

❹ 本尼迪克特：《文化模式》，浙江人民出版社，1988年版，第45—46页。

第二章　申奥片的视觉文化传播分析

申奥片是一个以影像为传播形态的视觉文本。申奥片拍摄者们将本国体育精神、申办理念转换为一个个视觉符号隐藏在申奥短片中，运用视觉的方式建构和传达出申办国的国家形象和人文观念，期望在申奥会议现场对国际奥委会的评委进行最后的视觉游说。对申奥片进行宏观和微观上的视觉文化传播分析有助于我们理解视觉符号是如何建构申奥国的国家形象，以及人们是如何通过视觉符号来理解和把握申奥国的国家形象的。

第一节　伦敦2012年申奥片的视觉文化传播分析

申办2012年第30届奥运会的5座候选城市分别是：法国巴黎、英国伦敦、俄罗斯的莫斯科、美国纽约与西班牙的马德里。2005年7月6日，在新加坡举行的国际奥委会（IOC）第117次全会上，面对来自全球各个国家和地区的一百多位评审委员们，这5座城市的代表先后作了最后的陈述报告，播放了精彩的申奥片，并展示了各自的申奥理念。巴黎一直是申办2012年奥运会的热门城市，之前的大部分民调数据都显示出巴黎将最终获得奥运会举办权。然而，经过大会4轮的投票角逐，伦敦一举击败了包括巴黎在内的其他4个竞争对手，成功获得了2012年夏季奥运会的承办权。

伦敦申奥成功并非偶然，这其中有城市实力、英联邦国家鼎立支持等因素，同时申奥过程中，伦敦成功地通过申奥片等方式打破了停留在世人脑海中的"古板、傲慢、阴霾"的刻板印象与国家偏见。法国申奥片由法国著名导演吕克·贝松执导，整部画面奢华精美，令人赏心悦目，展现了巴黎优美景色与浓厚人文背景。吕克·贝松也认为这部申奥片"完美无缺"。而伦敦的申奥片则以创意性的情节处理打破了以往申奥片"旅游宣传片"式的保险策略。虽是小成本制作，非名导演执导，但诙谐的情节处理，百姓与明星的角色趣味置换将5分钟的影视短片演绎的耳目一新。伦敦申奥片不仅在轻松之间将伦敦的申奥理念传播给受众，更将新伦敦人的朴实、乐观和幽默的个性巧妙地传达出来，成功地打破了其他国家受众对伦敦乃至英国的旧有偏见。

英国是世界创意产业的发源地，也是世界创意产业中心。创意产业是指"那些源自个人的创造性、技能及智慧，通过对知识产权的开发和运用可创造潜在财富和就业机会的活动"❶。在伦敦，创意产业已成为伦敦的第二大产业，仅次于金融服务业，已经超过制造业、零售业等行业，产值已达到250亿—290亿英镑，伦敦也因此被誉为世界的"创意之都"。由此，英国推进创意产业发展的国家战略取得了巨大的成功。如果用就业和产出衡量，英国的创意产业对经济发展的重要性已经超过了第一大产业金融业。❷伦敦2012年申奥片导演是英国新锐导演达瑞尔·古德里奇（Darly Goodrich），在他执导申奥片以前还只是名不见经传的英国商业广告片导演，英国奥申委看中了其申奥片的创意性，力排众议邀请他执导伦敦2012年申奥片。古德里奇本人也因该片而名声大噪，一跃成为世界知名导演。

从罗兰·巴特的符号学"意义的两个层次"来看，伦敦2012年申奥片是以奔跑中的女子的出场来划分每一个系谱轴，再由此串联起24个系谱轴构成了整部影像的毗邻轴。索绪尔对符号的系谱轴和毗邻轴的分析，引领我们了解符号在语言中是如何作用的，但索绪尔并不把"意义"当作是一种读者、作者和文本之间交涉的过程。作为索绪尔的追随者罗兰·巴特创立了意义分析的系统模式，这一模式中"意义"沟通和互动的观念得以分析，巴特理论的核心就是"符号"含有两个层次上的意义。第一层的意义为明示义，是指符号的明显意义，也就是描述符号、符号具、符

❶ 载英国创意产业工作小组在年和年两次发布的1998、2001《英国文化创意产业路径文件》，转引张文洁：《英国创意产业的发展及启示》，载《云南社会科学》，2005年第2期。

❷ 吕方：《世界文化发展与英国创意产业》，载《世界经济与政治论坛》，2007年第6期。

号义三者和客体之间的关系（正是索绪尔所探讨的层面），第二个层面包含隐含义、迷思和象征三个部分，第二个层次是符号与使用者互动中最为关键的，其中隐含义和迷思是符号产制第二层次的符号义的主要方式。

下面从视觉文化宏观和微观两种视角出发对伦敦2012年申奥片进行毗邻轴上"意义的两个层次"的分析。

一 伦敦2012年申奥片宏观视角的视觉文化阐释

伦敦2012申奥片以城市中的普通人为主角，将日常生活与体育运动完美结合，以巧妙的方式体现出奥林匹克的运动理念和倡导全民健身运动的精神，同时又体现出了雾都伦敦独特城市魅力与幽默、亲切的英国民众形象。申奥片由近150个碎片式的镜头分类剪辑而成，共分为城市景观、文化遗产、运动健身等24个系谱轴。由一名奔跑中的女子作为串场线索将24个系谱轴相互粘接。影片系谱轴顺序展现出了伦敦申奥的10个方面的申办优势，全片以英国黑人女歌手希瑟斯·莫尔(Heather Small)富有穿透力的优美歌曲《Proud》贯穿始末，以刚柔并济之力，涤荡现代人的空虚、颓废的神经。

1. 第一层次毗邻轴分析

宏观上对申奥片进行第一层次毗邻轴分析即是对明示义层次上的分析，伦敦2012年申奥片以奔跑中的女子将整部短片划分为24个系谱轴，并由这24组连续的视觉符号组成第一层次的毗邻轴，每一组系谱轴又由若干个镜头构成一个独立的故事情节。

伦敦2012年申奥片单元主题分析表

	分镜头时长	系谱轴/Paradigmatic 主题
毗邻轴/Syntagmatic	0'01—0'13	伦敦市景观
	0'14—0'19	媒介资源
	0'20—0'32	文化遗产
	0'33—0'41	思索问题
	0'42—0'53	残疾青年打篮球
	0'54—1'07	汽修工人练举重

（续 表）

	分镜头时长	系谱轴/Paradigmatic 主题
毗邻轴/Syntagmatic	1’08—1’18	空姐斑马线上竞走
	1’19—1’36	007 的英式早餐
	1’37—1’44	下车男子
	1’45—1’49	骑马巡警
	1’50—1’54	划皮划艇
	1’55—2’02	游泳
	2’03—2’11	警民情
	2’12—2’16	甩头的男子
	2’17—2’29	女歌手与舞蹈演员
	2’30—2’45	宾馆服务生鞍马表演
	2’46—2’57	贝克·汉姆玩填字游戏
	2’58—3’04	伦敦市长坐公交车
	3’05—3’14	都市白领接力赛跑
	3’15—3’28	英国绅士街头练击剑
	3’29—3’42	环卫工人练曲棍球
	3’43—3’51	伦敦集贸市场的人群
	3’52—4’01	街边小女孩做自由体操
	4’02—4’29	建筑工人玩撑竿跳

整个短片就以这一奔跑在伦敦街头的女子为开场，途经伦敦桥、白金汉宫、国会大厦、圣保罗大教堂等伦敦著名文化古迹，再一路经过公园、广场，以及伦敦城的街头巷尾。她那飒爽的跑步姿态不禁激发了路边人们的运动热情。汽修厂的工人拎起轮胎练举重；空姐在斑马线上竞走；宾馆服务生在行李箱上作起了“托马斯全旋”；英国绅士在街头用伞练起了击剑；环卫工人击打易拉罐玩起了曲棍球；路边小女孩做起了高难度的自由体操；建筑工人用铁杠玩起了撑竿跳。在奔跑女子这一主线引领下似乎普通的伦敦人个个成为了运动明星，身手矫健。同时，在“普通人都是运动明星”的线性系谱轴中又穿插了另一条“名人也是普通人”的对比性

的系谱轴片断。这其中，第三代007电影中詹姆斯·邦德的扮演者罗杰·摩尔（Roger Moore）接过老搭档萨曼塔·邦德（Samamtha Bond）递过来的手提箱，里面却是一份英式早餐；足球明星贝克·汉姆（Beckham）在街边的咖啡店里玩填字游戏；伦敦市长乘坐公交车外出……。"名人也是普通人"与"普通人也是运动明星"的故事情节互相穿插交织在一起，在短片诙谐轻松的氛围中体现出伦敦申奥片"全民奥运"的主题。

2. 第二层次毗邻轴分析

情节性的伦敦申奥片以健全的社会和全民奥运理念为主题，凸显人文关怀，气氛轻松诙谐，引人发笑。短片情节生动，环环相扣，再加上数十位英伦明星加盟助阵，短短5分钟间便在奥运会评委与他国受众间重塑了一个新伦敦人、新英国的视觉形象。也使受众与评委对英国有了重新的想象。毗邻轴上的24组情节体现出的是英国人幽默的本性，刻意去打破的是英国人保守、傲慢、自大、刻板的印象，所营造的视觉快感让受众如沐真境，似乎真实地体验到了英伦风情，更不会怀疑是否是虚无的幻影还是骄躁地堆砌，使受众在不经意间将短片中影像英国当作了客观真实来理解。

申奥片开篇描绘了伦敦的秀美景观，有意"舍弃"了现代性的建筑群，显现了伦敦桥、泰晤士河、大笨钟、白金汉宫、大英博物馆、威斯敏斯特大教堂等有着悠久历史和文化底蕴的建筑景观，并以同期字幕的形式显示"四个世界文化遗址"字样。这是在提示受众，这曾是一个"日不落帝国"的辉煌历史与文化成就，提示着这个世界上第一个完成工业革命的国家带给世界的智慧。

为了增加短片的说服力，在申奥片人物的选择上以普通百姓与明星"角色互换"的方式出场。这一方面是利用明星们的感召力增加短片的观赏性与可信性，另一方面，角色的置换所营造出的氛围更容易创造出短片的新鲜感与幽默感，让人记忆犹新。伦敦申奥片的明星阵容十分强大，分为体育明星、影视明星与政治明星三类，近20位明星参与。体育明星有足球明星贝克·汉姆、拳击冠军阿米尔·可汗（Amir Khan）、马术奥运金牌获得者莱斯利·劳尔（Leslie Law），四届奥运赛艇冠军马修·平森特（Matthew Pinsent），中长跑奥运冠军霍尔姆斯（Kelly Holmes）；影视明星包括约瑟夫·费因斯（Joseph Fiennes），《莎翁情史》中的莎翁扮演者杰瑞米·艾恩斯（Jeremy Irons），著名主持人雷瑞（Dermot O'Leary），第三代007扮演者罗杰·摩尔与他的老搭档萨曼塔·邦德，奥斯卡影后海伦·米伦（Helen Mirren），该申奥片主题曲的演唱者希瑟斯·莫尔，女歌手玛蒂·麦克卡森（Martine Mclutcheon），以及伦敦市长肯·利文斯通等。这些“真实”的明星们一改以往高高在上的印象，就像我们身边普通人一样玩填字游戏、问路、坐公交车……，还原了明星们的本来面目，让受众得到很大程度上的心理认同。

巴特用“锚”(anchorage)来形容图像说明里的文字功能，他认为“视觉图像的意义是多元分歧的，一连串符号义浮动于其中。文字可以固定那串浮动的符号义，以解除不确定性。片中的字幕对意义的第一层次而言，它们具有命名(denomination)的作用，它们指出了图像是什么，并为那碎片式的图像流分了段，在观看的经验范围内为图像定位，在第二层次里，字幕引导观众解读，并提供了一种“优先解读”(preferred reading)的方式，即按照导演的意图解读。❶伦敦申奥片为了在短片中更加清晰地展现伦敦城市的实力与体育精神，导演在画面中又加入了11组艺术字幕，分别是“全球媒体中心，四个世界文化遗址，严谨专业的安保措施，优美的公园景观，乐于助人的警察，多彩的艺术与文化，最好的酒店，公共交通系统适用于每个人，世界第四大经济体，汇聚了200个城市300种语言，对体育充满热情”。这11组字幕一如英国人率真的个性，并不像莎士比亚的遣词造句或中国申奥片中的押韵字幕，语言直白，陈述准确，词汇浅显易懂，也与短片清新的现代氛围相得益彰。11组字幕与剧情贴合紧密，在这里字幕仅仅是对视觉文本的一种诠释与锚定，是对视觉影像的一种引导性的解读。24个故事情节的紧凑编排，让受众在追随故事情节与关注明星演员的同时，不经意间将字幕与画面一一对应，并在无意识中接受了伦敦申奥片的宣传意旨。同时，字幕采用白色纤细英文字体，对应各个系谱轴，艺术字处理成为“淡进”与“淡出”特效以对视觉文本的注释起界定的作用，从而保证了字幕意义的传递不会偏离影片的“宣传”设想。

❶ 孟建：《申奥片：作为“视觉游说”的经典读本》，载《图像时代：视觉文化传播的理论诠释》，复旦大学出版社，2005年版，第238页。

二 伦敦2012年申奥片微观视角的视觉文化阐释

1. 种族和谐

(1) 第一层次毗邻轴分析

伦敦申奥片中的演员无论是普通人还是明星都充分考虑到了英国有色人种所占比例。明星演员中的阿米尔·可汗、霍尔姆斯、希瑟斯·莫尔都是有色人种，在普通人所构成的情节中“残疾青年打篮球”、“英国绅士街头练击剑”、“环卫工人玩曲棍球”、“建筑工人练撑竿跳”都涉及了有色人种的演员。这里选取残疾青年打篮球与英国绅士练击剑的2组镜头，其毗邻轴分布如表所示：

残疾青年打篮球镜头组（0’42—0’53）

	分镜头时长	系　谱　轴
毗邻轴	0’43—0’44	篮球场上，一群小伙子在打篮球
	0’45	球传入坐轮椅的残疾男青年手上
	0’47—0’48	男青年坐在轮椅上灵活运球
	0’49	投球
	0’50	球入篮
	0’51—0’53	坐轮椅男青年兴奋激动的表情

英国绅士练击剑镜头组（3’15—3’28）

	分镜头时长	系　谱　轴
毗邻轴	3’15—3’18	一群英国绅士走进，文字出“The worlds 4th largest economy 世界第四大经济体”
	3’19	人群中一白人与一黑人绅士特写
	3’20	挑起脚
	3’21—3’23	举起伞，作击剑造型
	3’24	一路人看着他们
	3’25—3’27	击剑进行激烈
	3’28	击剑停止，互相致敬分手

（2）第二层次毗邻轴分析

奥运会的主旨是倡导世界和平、人类团结与种族和谐，英国又是一个多民族、多人种的西方发达国家。17—19世纪的英国处于原始资本积累时期，强盛的英国王朝成为了世界上贩卖奴隶的最大“有组织犯罪集团”。于是奴隶制开始在欧洲和北美的大地上盛行，这也是种族歧视的起源。前英国首相布莱尔在2006年废除奴隶贸易200周年之际，为英国在贩卖奴隶贸易中犯下的罪行深深道歉。他谴责英国过去的非洲黑奴贸易，是“违反人道的罪行”，承认许多受剥削的非洲人一直感受的冤情与愤怒。❶在这一历史情境下，在申奥片的理念阐述中，英国政府自然要将目前英国种族和谐的现状通过视觉语言向奥委会评委们予以诠释。为了强化这一目的，短片中近一半的演员选用了有色人种演员，在情节设置上或是以有色人种为主角，或是表现白人与有色人种的友情为基调，以强调该片的种族和谐理念。

❶ 施晓慧：《布莱尔为英国贩卖黑奴道歉》，载《环球时报》，2006年11月27日，第4版。

"残疾青年打篮球"片断描述的是一名坐在轮椅上的黑人残疾青年与另外一名健康的白人青年搭档与另两位健康有色人种青年打篮球的情节。镜头选取了白人青年传球给黑人残疾青年，残疾青年灵活地转动残疾车，转身将篮球投进篮筐，残疾青年兴奋无比的片段。对这一情节的勾画上，短片塑造了一位"黑人+残疾人"的弱者形象。但通过其打扮与服饰：梳着满头的小辫，时尚的运动服，加之进球后忘我得呼唤与兴奋，两三个镜头间便勾勒出了一个开朗、活泼、自信的英国黑人小伙形象。白人青年无私地将球传给了他，才有了这个投篮的机会，这也是影片想传递出的英国白人与有色人种的精诚合作、守望相助的合作精神。（见图2-1）

这一情节同样地出现在了3'29—3'42间的环卫工人用扫帚和压扁的易拉罐打曲棍球的片断上，同样最终获胜的也是黑人环卫工人。而与他一起击球的白人同事也兴奋得与他一起击掌庆贺。（见图2-2）

在另一组"英国绅士街头击剑"的片断中，更是打破了外国人对英国绅士的想象。在他国民众对英国绅士的想象中，穿着合体的英式礼服，戴着高耸的黑色礼帽，拿着长柄雨伞的英国绅士怎么也不会与黑人小伙的形象结合起来，但影片有意识地将街头两位用雨伞练击剑的绅士设定为一名黑人与一名白人之间的较量。精彩的格斗，完美的避让，礼貌的致礼。在伦敦CBD街头练击剑的片断传达出英国人具有绅士风度的同时又含蓄地隐喻了在日常工作、生活中英国各色人种公平竞争，又相互谦让的人文内涵。

2. United

（1）第一层次毗邻轴分析

这是由足球明星贝克·汉姆出演的一个片断（2'46—2'57），长11秒由9个镜头构成。正坐在小咖啡店里为填字游戏中最后一个单词而愁眉不展的贝克·汉姆在见到奔跑女子的同时获得了灵感，填上了最后一个单词"United"，完成了填字游戏。

图2-1 残疾青年打篮球镜头组

见图 2–2 黑人环卫工人获胜后与白人同事击掌庆贺。

贝克·汉姆玩填字游戏镜头组(2'46—2'57)

	分镜头时长	系谱轴
毗邻轴	2'46	女子向前奔跑
	2'47	"OPEN"霓虹灯闪烁的咖啡店
	2'48	咖啡店全景
	2'49	贝克·汉姆依窗而坐
	2'50	正对着载填字游戏的报纸
	2'51	苦思冥想中
	2'52	女子窗外跑过
	2'53—2'54	贝克·汉姆看到女子,微笑
	2'55—2'56	写下填字游戏中最后的答案
	2'57	贝克·汉姆露出微笑

(2) 第二层次毗邻轴分析

贝克·汉姆不仅是足球明星，在他明星妻子维多利亚与现代娱乐业的包装下，"小贝"俨然成为了英国流行与时尚的代名词。他的一举一动,一颦一笑都备受媒体关注。影片特写镜头中小贝填入的最后一个单词"United"也有着丰富的内涵。(见图2–3)United本意为联合、团结,从字面出发,这也与本片诉求的"团结"的奥运主题相吻合,另一个方面,United也可以看成是英国全称"United Kingkom"的意指。

在2012年奥运会的5个申奥国中只有英国属于英联邦国家，虽然英联邦运动会理事不全是国际奥委会委员，但71个英联邦理事中有52人是国际奥委会的委员，他们都是2012年奥运会举办国的评审委员，同时也是本片的诉求对象。在英联邦这样的政治群体中，各成员国评委较容易产生一致化的投票倾向。根据社会学家拉扎斯菲尔德及其同事的有关“群体与政治态度”的研究成果显示，人们的投票行为与其基本群体成员的投票行为有强烈的一致性。[1]这里 United 正是在 IOC 大会投票前，通过申奥片的播放对这52位评审的又一次集体性召唤。其意指这是英国的荣誉，同时也是英联邦国家的骄傲，借此“联合”英联邦评委为伦敦投上一票。

[1] 沃纳·塞佛林、小詹姆斯·坦卡德：《传播理论：起源、方法与应用》，华夏出版社，2000年版，第218页。

这一片断作为伦敦申奥片的一种“召唤”机制，将英联邦国家的利益关系紧密地结合在了一起，英联邦是由英国和已经独立的前英国殖民地或附属国组成的联合体。第一次世界大战后，英国慑于日益高涨的殖民地民族解放运动，将殖民地演变为“地位平等，在内政和外交方面互不隶属，唯有依靠对英王的共同效忠精神统一在一起”的国家联盟，于1931年正式确立英联邦。在当今全球后殖民语境中，仍占据“龙头大哥”地位的英国在相当程度上仍控制着部分英联邦国家的话语权，这里也可以看作是一种“权力的召唤与警示”。因此，英联邦运动会首席执行官胡珀说“此前我们已经与伦敦奥申委就此事进行了讨论，我们将像以往那样，全力支持英联邦国家争办奥运会，届时我们也将出席国际奥委会代表大会，表明我们的立场。”

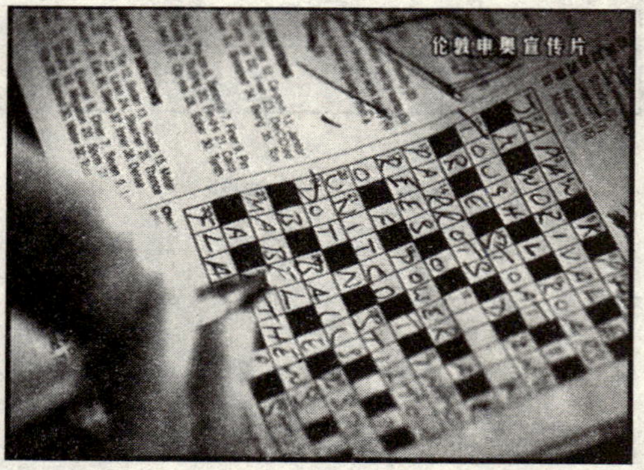

图2-3 贝克·汉姆填入最后一个单词“United”的镜头

3. Fly to Paris

（1）第一层次毗邻轴分析

伦敦申奥片3'05—3'14间是一组街头白领接力赛跑的情节。伦敦街头两个白领装扮的男子以接力赛跑的方式传递着一份报纸，向镜头近处的女子奔跑过来，该女子虽然看到跑近的男子，但却并没有停下脚步，而是面向镜头嫣然一笑转头离去，没有追上的男子只能手摇报纸叹息不已。其元素展开的顺序如下表：

伦敦街头白领接力赛跑镜头组(3'05—3'14)

	分镜头时长	系谱轴
毗邻轴	3'05—3'06	街头2名男子接力赛跑
	3'07—3'09	接力赛跑传递的是报纸
	3'10—3'11	车旁的女子看着2个男子跑近
	3'12—3'13	女子特写，面向镜头嫣然一笑后转头离去
	3'14	男子跑近，摇着手中报纸

（2）第二层次毗邻轴分析

这一组影像设计与表演极具英式幽默感，也是该片中出现不多的面对摄像机镜头微笑，体现出“镜头感”的场景。该片断既像是街头练接力赛跑的情节，又像是接过报纸的男青年追求女青年不成的剧情。穿插的故事，到位的表演让人不禁臆想翩翩。段落开头两青年白领代替接力棒传递的是一份伦敦《标准晚报》(The Evening Standard)，这是一份伦敦地方性的报纸，它的新闻及时，信息量大，加上发行渠道灵活，《标准晚报》是伦敦发行量最大和最具代表性的报纸之一。申奥片中这份报纸被卷成筒状，面对镜头显露出的新闻标题是“Fly to Paris”（飞往巴黎）字样。字体用红底白字粗体的形式醒目的体现出来。我们知道2012年伦敦申奥最大的竞争对手正是巴黎，巴黎的支持率也一直居高不下。这种形势下，英国申奥片通过幽默的隐喻形式展示出了英国人的自信与对民调结论的不屑。影片中，男青年接过标题是“Fly to Paris”的报纸奋力向女青年奔跑过来，但看到此情景的女青年却不顾跑来的男青年，微笑着转头离去，这组镜头最后只剩下手摇报纸懊丧着的男青年。（见图2-4）这里的女青年象征着英国民众，也象征着法国外的他国民众，隐喻着导演要表达的意图：2012年我们不愿去巴黎，我们只想去伦敦。

英国作为老牌的帝国主义国家，在后殖民主义社会体系中，不论是在政治、经济，还是文化领域仍占有着相当的霸权地位。一如上文分析的，在英联邦国家中，一些曾遭受过殖民统治的国家虽都陆续独立享有了国家主权，但在后殖民侵略的遮掩下，英国仍用经济等手段控制着从属国。在这样的“经济统一体”中，英国获得整个英联邦国家的“支持”变得不足为奇。对于亚、非、拉的一些第三世界国家的选票就成为了争夺的焦点，怎样感召来自东方国家的评审？申奥片就必须俯下身去，亲近东方评委，以拉近“东-西方”两大阵营的心理距离，获得东方评审的好感。为了实现这一目标，伦敦申奥片打破了常规，不再单纯地用国家文化与经济优势的视觉镜头盲目堆砌，而是以“英式幽默”的方式来愉悦受众，嘲弄自我。短短5分钟之内，幽默的元素与情节穿透全片，特别是最后一组镜头，满脸是泥的练撑竿跳的

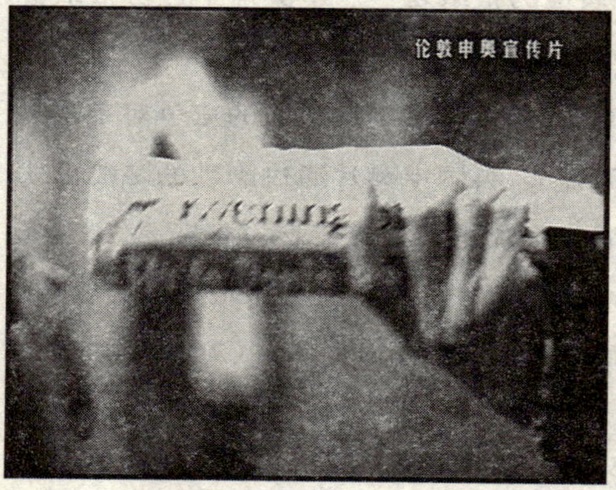

图2-4 两青年男子街头传递《标准晚报》镜头组

建筑工人冲着镜头憨厚而笑时，几乎所有的受众都会抱之会心的笑容。（见图2-5）这就是典型的英国式幽默，带着一丝自嘲式的幽默，看似贬低自己以取悦他人，但也正是这种贬低自我的技巧跨越了“东-西”间的鸿沟，赢得支持的最佳方式。当然这种自嘲式的幽默是建立在自信与自傲的基础之上的。

在传播实践中，诉诸幽默（Appeals to Humor）是一种很受欢迎的技巧。研究显示，15%—20%的电视广告包含某些幽默因素。研究者对幽默在态度改变或多重效果结构的其他变量方面的效果进行了检验，研究表明，幽默对吸引注意力，产生对传播者的喜爱心理方面，比造成态度改变或行为改变方面有效。❶可见，申奥片中的幽默元素可以打破

❶ 沃纳·塞佛林、小詹姆斯·坦卡德：《传播理论：起源、方法与应用》，华夏出版社，2000年版，第218页。

图2-5　建筑工人练撑竿跳镜头组

对于国家印象的一些偏见，但如果想改变评委的最终投票态度仅靠幽默式的表达则较难奏效。

第二节　北京2008年申奥片的视觉文化传播分析

2001年7月13日，在莫斯科国家大剧院召开的国际奥委会第112次会议是表决决定2008年夏季奥运会主办权归属国的日子。这对于北京、巴黎、多伦多、大阪和伊斯坦布尔5个申办城市而言异常重要。各国从提出申请开始经过一年多的精心准备，都希望通过本次会议投票赢得最终的胜利。莫斯科时间晚19时整，作为第四个申诉国，北京代表团的政府官员、形象大使、运动员代表分别作了最后的陈述，并播放了由中国导演张艺谋执导的申奥片。申奥片作为申办城市北京的一张外交名片，在短短5分钟内要向国际奥委会的一百多名评委作出精彩的视觉化宣传与民族性的情感宣泄，将古老的历史建筑、中国戏曲、现代化的城市面貌、人民体育热情建构为一组组的视觉符号，以冲击评委们原有的"东方主义"式的中国刻板印象。最终，北京众望所归，在第二轮投票中便以高出第二名多伦多市34票的优势获得了第29届夏季奥林匹克运动会的举办权。几乎所有的中国人都在第一时间通过大众媒体见证了这激动人心的一刻，前奥委会主席萨马兰奇宣布北京为最终主办城市的镜头已然建构成中华民族振兴的视觉符号为中国人所感知，并永载奥运史册。申奥片对于中国北京的最终胜出，虽"无法证明是最有威力的，但至少具有别样的意义。"❶

❶ 孟建：《申奥片：作为"视觉游说"的经典读本》，载《图像时代：视觉文化传播的理论诠释》，复旦大学出版社，2005年版，第233页。

北京2008年申奥片分为"戏、绿、都、水、动、愿、乐、健、艺、韵"10个视觉单元，共有200多个镜头串接而成。短片以旭日中的角楼为开端，分别展示了申办城市的背景：中国戏曲，绿色的自然景观，现代化的城市景象，清澈的水域，热情而爱好运动的中国人民，期盼奥运主办权的热忱之心，灿烂的笑容，奥运健儿夺冠的精彩瞬间，中外荟萃的文化交流，直至夜幕下繁荣的北京城市夜景。短片最后以虚拟的奥运场馆作为结束画面。整个短片以时间为串接方式，在纵向的时间轴上又以空间的横向情节展开为视觉表述方式。时间序列以朝霞、白天、夜晚为表征，空间序列上，采用平行剪辑的方式，采取多种摄影技巧展示主题。以"都"片断为例，展现的是现代化的北京城，片断由21个镜头组成，每个镜头从半秒至2秒不等，通过快速剪切的建筑、道路镜头展示北京城市的巨大变迁。为了体现北京良好的交通环境，仅表现立交网络的镜头就有6个，分别从俯视、平视、仰视的角度予以空间上的展现。（见图2-6）

图2-6 展现北京立交网络镜头组

在北京申奥片中，系谱轴的划分是通过字幕的形式予以划分的。通过10组字幕划分出了10个系谱轴，共同构成了第一层次上的毗邻轴，又相互“释义”形成了第二个层次上的毗邻轴。在“共产主义政治背景”与“古老神秘东方文化”的影响下，北京申奥片在两个层次的毗邻轴上都较为成功地展现出了申奥国的“标准化”形象。

一 北京2008年申奥片宏观视角的视觉文化阐释

1. 第一层次毗邻轴分析

第一层次毗邻轴也就是索绪尔、巴特所言的明示义，短片要向人们传达出“绿色、人文、科技”的北京申奥理念，因此，这10个系谱轴的内容便紧扣这一主题展开。绿色奥运：以“绿”、“水”单元展示了中国的秀美风光与清新自然的城市环境；人文奥运：以“戏”、“动”、“愿”、“艺”展现了中国悠久的历史与文化；科技奥运：“都”、“韵”反映出了经济快速发展中的中国北京形象。除此之外，短片还以“愿”、“乐”单元描绘出当代中国人的乐观开朗的精神面貌与热情好客的形象。

北京申奥片10个单元的主题分析表

	字幕	英文字幕	系谱轴/paradigmatic
毗邻轴/Synagmatic	戏	Beijing Opera	旭日、角楼、旦角为主的京剧开场
	绿	Green City	蓝天、碧水、绿地、紫禁城
	都	Cultural & Sports Center	楼群、高架、机场、体育馆，人群在楼宇中运动
	水	City of Clear Water	人在水中运动
	动	Dynamic City	练习篮球、足球、垒球、慢跑、游泳、沙滩排球、博浪
	过渡段落		女孩荡秋千，体操运动员空跃，溜冰的男孩从天坛迎面滑来
	愿	Aspiration of the People	众人舞龙、牵手溜冰、孩童欢跃迎奥、若干起跳动作
	乐	Joyful and Friendly People	踢毽、老人、少女吻斑点狗、老少开怀同乐
	健	Vigor and Youthfulness	全民健身、奥运健儿夺冠瞬间的快速剪接
	艺	World Stage of Art	募捐、晚会、歌剧、服装、雅尼、舞蹈
	韵	Scansion	北京夜景、电脑模拟运动场馆

2. 第二层次毗邻轴分析

有学者指出，北京申奥片“对于中国自身而言，它意图全方位的展示自己的‘现代化’成果，虽然它的‘现代化’过程几乎完全建立在对西方现代性的‘模拟’和想象上，对于西方观众而言，他们依靠这毗邻轴上的排列组合在脑中重新勾画中国。”这部由中国本土导演执导的申奥片最初的目的是为了将中国的申奥理念与申办城市的承办能力展现给国际奥委会的评审委员们。因此，在视觉画面的选择上经过导演组的精心编排，这10个系谱轴的叙事展现的必然是中国最美景致与最佳状态，其镜头的遴选、拍摄角度、色彩选择上，导演已充当了“把关人”的角色，全景式的中国北京景象已被抛弃，申奥片建构着的是评委们想象中申办城市的一种幻像。真实世界中的沙尘、交通拥堵、贫民窟都一一被遮蔽掉，模拟着西方现代性的想象，以高楼大厦、交通网络、人与动物相处融洽的景观出现，并通过对西方的这种视觉仿像方式，努力建构与西方评委们相同的价值观。其次，为了满足评审们的“猎奇”与想象中国的心理，又刻意在北京申奥片中加入可识别性的中国符号，在仿像中建造差异，于是中国戏剧、中式古典建筑、舞龙、风筝等传统体育项目鱼贯而出，堆砌着满眼的中国民族符号以增加国族的可识别性。

正如霍米·巴巴所言，“模拟显示出的是一种差异的再现，这种差异本身就是一种拒绝全盘接受的过程，这样看来，模拟实际上是一种双重表述的符号，一种复杂的改良、规约和律令的策略，它再将权力具像化的同时‘挪用了’他者。”❶在帝国主义与殖民主义话语体系中的自我与他者的二元模式上，北京申奥片把对西方性的模拟与自我影像二元性的呈现出来，而在第9系谱轴“艺”的片断上更增加了“文化混杂”的视觉符号：紫禁城上演着《图兰朵》，太庙里尼雅在举办新世纪音乐会等。西方精英文化被挪移到了代表着东方古典文化的建筑中去，使东西方文化相互混杂。西方文化空间上的转移呈现出了后殖民式样的时空观，申奥片中也试图以这样的文化混杂的方式向多元文化背景的奥委会评审们带来文化上的亲近与认可。并且，空间上的挪移，两种文化的撞击可以使受众产生一种新鲜感。在这里，既熟悉又陌生的混杂性文化不仅展现出社会主义意识形态下日益开放的中国城市的后殖民景象，也同时是争取各国评审认同感的最佳传达方式。

❶ HomiK Bhabha: The Location of Culture. New York: Routledge, 1994. p.86.

二 北京2008年申奥片微观视角的视觉文化阐释

整部北京申奥片就是由一组组符号构成的视觉系统，这些符号以能指和所指的方式产生着意义，以把申奥片的真正意图传播给受众，而这些符号被安插在申奥片的各个系谱轴中，通过镜头、图式、剪切与编辑技巧将这些符号统一于短片中，下面将从北京申奥片的微观视角出发，考察北京申奥片的文本意义。

1. 色彩

当影视艺术从黑白时代进入到彩色片时代，彩色影像成为了视觉空间的主体，色彩从此成为了影视语言的重要组成部分，使视像有了还原自然现实的再现功能。并且，影视作品中色彩处理对于表达感情，反应态度，暗示心理有着不可替代的作用。通过对人物场景空间的色彩布局和构成、视觉气氛的渲染、色彩运动的变化使受众感受某种超出故事情节之外的心理暗示。歌德说过："颜色有一种奇特的两重性，假如允许的话，我不妨用下列语言来形容它：它是雌雄同体的，它有着奇怪的欲望、联系和混合，它的中和方式和废弃方式也十分个别，它还会进一步产生许许多多生理的、病理的和审美的效果，这些令人惊奇的效果虽经我们反复观看，变得十分熟悉，但仍能保持下去，它们总是如此直接，如此实在和如此感人，以至从来不需要我们去对它们思考和推理"[1]。彩色的画面不像黑白画面那样带有假定的性质，它可将画面形象表现为人眼所看到物象的本来样子，比黑白画面更富于逼真感，从这点上说，彩色形式比黑白形式对观者更为亲切，它不只让人看到了形体、空间，而且能表现出物象色彩的差别，并给人对客观世界认识与知识上的进一步满足。[2]

[1]《歌德的色彩理论》，伦敦，1840年版，第653页，转引自阿恩海姆《视觉思维》。

[2] 王树薇：《色彩学基础与银幕色彩》，中国电影出版社，1987年版，第146页。

北京2008年申奥片的导演张艺谋深谙色彩之道，他所拍摄的电影一向以色彩见长。《红高粱》用浓艳、纯粹的中国红谱写出对生命的热情礼赞；《我的父亲母亲》中父亲的黑棉袄与母亲的红棉袄传递出过去时空与现在时空的色彩反差；《大红灯笼高高挂》里高高挑起的大红色的灯笼以色彩展现出人性的善与恶。此外，近年来张艺谋还在国内开创了"奇观电影"的热潮，《英雄》、《满城尽带黄金甲》等影视作品将色彩的组合功能发挥到了极致，高度饱和的色彩给影视画面以强烈冲击。凝重的色调，大块面色彩的铺陈，充满表现主义的服装及造型，犹如一幅浓墨重彩的油画。看他的电影可谓是经历了一场“色彩之旅”，画面华美、色彩绚丽、冲突对比强烈、细节富有匠意，色彩能指功能充分发挥，承载了张艺谋电影的文化表征。此外，由他领衔打造的大型实景山水演出剧《印象》系列，选取丽江、桂林、西湖这样的风景圣地作为实景舞台，用明艳的色彩配合空灵的歌声，朴实的歌舞，打造了新颖的视觉盛宴。《印象》系列可以说是张艺谋在执导2008年北京奥运会开闭幕式前的一次视觉练习作品。

北京申奥片在张艺谋的指导下也大打色彩牌，在色调、色彩的选择与运用上非常用心。影片的第一单元“戏”是用单色调的色彩体系来表现的，经由后期处理，本应色彩绚丽浓艳的京剧彩色片段全部调整成了今天我们看到的以棕色为主色调的段落，仿佛将受众引领到了尘封已久的历史语境中去感受古老的中国文化。随着“戏”单元结束，舞台上标注“BeiJing”字样的帷幕缓缓打开，封闭千年的城门被徐徐开启，此时影片顿时从沉稳的棕色调进入了一个色彩绚丽的五彩世界中去。中国优美的建筑景观、自然风景在高饱和度和对比度的色彩渲染下变得格外壮观和雄伟。导演利用单色向全彩色之间的色彩转换表达影片结构的转承关系。棕色单元表征着中国悠久的历史，转向全彩色单元寓意着中国华彩篇章的开启。色彩结合着拉开的帷幕、开启的城门、显现出的故宫、蓝天白云等能指符号，表征出了导演高超的视觉叙事能力。

色彩可以创造多样的空间形态，高纯度高明度的色彩比同样景观下的低饱和度和明度场景处理要带来更宽广的空间感。浅色调可使空间有扩张感，色彩的对比度调整也可产生空间上的前进感和后退感。北京申奥片中“动”单元中有一组海边拔河的场景（1’46—1’51），场景由三个镜头组成，这组镜头虽表现的是正在海边拔河的人群，但构图中浅色调的海水占据大面积的空间，运动人群也都穿着统一的白色服装，画面色彩饱和度较低，加之其中第1、3个镜头加入了凸面特效，使整个运动空间显得更为开阔。（见图2-7）

2. 中年人身份的缺失

中年人是指年龄在40—60岁之间的人群，这类人群经验丰富，年富力强，往往担任着重要岗位的领导工作，在国家建设中起着中流砥柱的作用。从社会的年龄结构来说，40—60年龄段人口占着中国总人口相当大的比重，按照人口比例与他们为社会所作的贡献来说，申奥片中涉及中国人形象部分，中年人的形象应该是不可或缺的主体。但纵观北京申奥片，中年人只有外国人的形象：“艺”片断中的尼雅与《图兰朵》中的外籍演员，除此之外，没有一位中国中年人的形象出现，北京申奥片中所出现的中国人形象的是儿童、青少年和老年人。这是因为儿童、青少年和老年人是社会权利体系中的弱势群体，以他们为构成元素的申奥片是导演有意弱化申奥片中的意识形态色彩，以减少他国受众对中国异质意识形态的关注度。并且通过儿童和老人灿烂的微笑为诉求性的视觉符号，以表达中国欢迎世界的开放姿态。

中国是古老的，它有着五千年的灿烂历史，犹如一位老者，处处展现出睿智的光芒，中国又是年轻的，作为新兴经济体，他充满了活力与希望。前者以运动中的鹤发老人作为隐喻符号，后者以青春活泼的儿童、青少年作为隐喻对象，一个古老但又处处充满活力的新中国形象被隐喻在巴特的第二层意义中，以迷思（Myth，神话）的表达方式将中国历史与现状“自然化”。

社会是由人与人之间的社会关系所构成的，家庭则构成了人类社会的最小组织形态，是由婚姻、血缘或收养关系所组成的社会生活的基本单位。家庭是中国社会中重要组成部分，而在北京申奥片中将“家”的概念放大至中国传统思想中的“大家庭”

图2-7 海边拔河镜头组

的国族观念，而不再拘于社会学意义上的“家庭”概念，在中国传统儒家思想中有关“故圣人耐以天下为一家，以中国为一人者，非意之也”❶的思想道出了应视天下人为一家，和睦相处的“大家”含义。因此，短片中所有出场的中国人或是以群体的形式或是以个体的形象出现，有意避免了“爸爸、妈妈、孩子”式的核心家庭结构场景，刻意将中国展现为一个“大家庭”，一个团结、热情、乐观的国族形象。在这一场景中孩子们朝气蓬勃，青年们充满运动激情，老年人精神矍铄。这里儿童和青少年表征着国家未来，老年人则意指国家高福利、良好医疗卫生条件的情境。他们一起共同表征出中国这个大家庭的好客之道，一个国族的集体形象。

❶ 出自西汉·戴圣：《礼记·礼运》。

此外，北京申奥片中除了“艺”片断中的外国艺术家、中国奥运健儿获奖剪辑片断外，但凡实景拍摄的镜头中出现的人物都是中国最普通的老百姓，没有一位所谓的“明星”，名人身份的缺失一方面说明中国明星们的国际影响力还很有限，另一方面也是短片有意营造出的普通中国人的健康体育精神理念，展现出北京申奥片的平民化视角。

第三节 纽约 2012 年申奥片的视觉文化传播分析

纽约2012年申奥片无疑是申奥片中的“另类”，影片舍弃了色彩元素，全部采用黑白镜头拍摄。申奥片以时间为纵向主轴将影片划分为8个系谱轴，每个系谱轴又以空间为横向轴展开叙事。通过一天中的8个时间段分别对纽约城里中央公园、第五大道、林肯艺术中心、时代广场等空间里的景象进行了视觉图景的记录。申奥短片的导演是商业广告奇才鲍勃·吉拉尔迪，著名美国导演斯皮尔伯格也参与了部分指导工作。

纽约申奥片8个单元的主题分析表

	分镜头显示时间	地 点	系谱轴/Paradigmatic
毗邻轴/Syntagmatic	6’59—12’27	纽约城	曼哈顿远景、布鲁克林大桥、皇后大桥、华尔街、纽约圣帕特里克大教堂、古根海姆博物馆、港口、地铁站、轻轨站
	12’28—16’11	中央公园	吹萨克斯、婚礼、玩滑轮、弹吉他的青年

（续　表）

	分镜头显示时间	地　点	系谱轴/Paradigmatic
毗邻轴/Syntagmatic	16’12—19’30	第五大道	街头的表演艺术者、后空翻、打鼓
	19’31—20’06	林肯艺术中心	交响乐演出
	20’07—22’27	扬击体育场	The Bronx 演出
	22’28—2’16	时代广场	吹小号的青年，熙熙攘攘的人群，灯火通明的街道景色
	2’17—8’00	CBGB’S	热闹的夜总会，依旧热闹的街区，仍在营业的快餐店，逐渐关闭的交通札机口
	8’01	自由女神像	自由女神像

纽约申奥片可以称为不夜城纽约的一日印象。影片从清晨纽约曼哈顿的远景为开端，呈现了纽约优美的城市景色和繁忙的城市交通网络；紧接着时间轴直接跳跃到了正午时分的中央公园，悠闲的人群是这一空间里的整体关照；时间轴继续过渡到下午4点钟的第五大道街头，与人们印象中秩序井然的著名商业街不同的是，短片中的第五大道俨然成为街头艺术表演者的天堂；傍晚19点林肯艺术中心交响乐演出正在上演；晚上20点的扬击体育场因精彩演出而座无虚席；夜晚22点时代广场一片灯火通明，人群仍旧熙熙攘攘；凌晨2点本该进入梦乡的人们在纽约这个不夜城中彻夜狂欢，依旧热闹的夜总会，依旧热闹的街区，依旧营业的快餐店，直至华光落下，交通札机口关闭；而此时在朝阳的映衬下，新的一天又重新在纽约开启，自由女神仍旧指引着曼哈顿追寻的光明方向。

一　黑白纪事：申奥片客观性的表述方式

纽约申奥片除了采用黑白叙事的方式，无论是画面构图还是选择聚焦，抑或是采光、景别，直至镜头的对称剪接和蒙太奇的运用，都可以感受到导演独具匠心的视点选择影片。长镜头、客观性的表述方式与纪录片的拍摄形式十分近似。与其他国家申奥片偏爱景观、运动场景，故事性的叙事表述方式不同，纽约申奥片的导演似乎仅仅是想把纽约城普通一天的生活场景记录下来。在取舍与处理上，则充分利用了影像的艺术手段，在黑白影像中凸现出影片主题。

纪录片的灵魂是真实，纽约申奥片需要传递的正是真实，不会为申办奥运会而生硬地堆砌上一些运动镜头。拍摄视角体现出了一定的人文关怀，即使是影片出现的商业街空间里，镜头关注焦点也集中在了城市中的普通大众阶层上。当然，纪录片中的真实性也存在争议，“从哲学的意义上说，‘客观真实’只是一个形而上学的命题，强调用‘摹写’的方式使主、客观达到统一的理论，其缺憾在于它忽视了观察者，忽视了观察者的观察视野对结果的影响，因为除非上帝，只有它才是全知全能的。任何一个观察者都必须立足于地球，立足于他的文化背景，立足于他的个人经验。这在哲学解释学中被称为‘合法的偏见’，因为任何一个观察者，一个人，都处在一定的历史和文化之中，都是有局限性的”[1]。我们不能说纽约申奥片就是客观真实的，但导演从纪录片中提取了灵感，试图通过镜头最大程度地还原纽约城的原貌。因此，在片中的“第五大道”场景中我们看到的不是以奢侈品著称的时尚购物中心，而是纽约市民放松心境，街头艺术家、年轻人，乃至流浪艺人们尽情欢庆的民众公共空间。街头艺术家抑或是流浪艺人在繁华纽约街头投入地击鼓演奏，全然不顾周围的喧闹。他们前面的鼓，其实是一个个大小不等的垃圾桶。年轻人纵情地跳着街舞，做着高难度的后空翻。这和伦敦申奥片中拍摄的普通市民们做后空翻、托马斯全旋不同，伦敦导演是为了追求故事性效果而作的艺术性夸张，实际上是专业体育运动员在扮演着普通百姓的角色。但纽约申奥片则是为了还原真实的纽约，是对纽约普通百姓生活的一种纪录。当然这种纪录中也包含着导演的视角与价值观。但观者可以从这一申奥片中感受到融入其中的人文关怀。

纪录片的另一个编辑特点是影视同期声的运用。兼顾到申奥片的艺术性，导演并没有将没经处理的混杂的街头声音带入影片，而是巧妙地利用影片中的乐器音乐串接成为影片的“乐曲同期声”将受众带入至纽约“真实的”空间中。随着空间的转换，按先后场景依次贯穿了公园里萨克斯演奏声、街头艺术家打鼓声、林肯中心里交响乐声、扬击体育场现场演出声、街头小号声、迪斯科音乐声，再混合有着镜头中涉及的教堂钟声、地铁轨道声、马车踏步声等，将短片中的各种音响统一在同样的旋律中，艺术化地还原了属于纽约日常生活的声音。

有学者指出，“电视片成功的背后：是真实；在真实的背后：是纪实；在纪实的背后：是人；在人的背后：是观念”[2]。对于纽约申奥片而言也同样适用于这样的“推论”，导演对申奥片真

[1] 吕新雨：《中国纪录片：观念与价值》，载《现代传播》，1997年第3期。

[2] 刘效礼、冷冶夫：《纪实论》，载《中国电视》，1993年第8期。

实感的追求其实在表达他的观念。从平民视角观察到的纽约印象通过相对客观的镜头给了他国受众作了5分钟的影像展示。纽约申奥片要表达的观念是要通过影像还原一个真实的纽约，一个大众文化中的纽约城市景象，而不是充满精英与权力色彩的都城。这样，我们便从编导的取舍中，从被浓缩的时空中，找到了短片准确的脉络和精彩的华章。

二 多元文化的符号表征

美国是个移民国家，早期的移民大都是欧洲移民过来的虔诚清教徒。他们把欧洲文化带到美国，将自由主义的开国精神内含在基督教传统之中。马克斯·韦伯在《新教伦理与资本主义精神》中指出：新教伦理产生的勤奋、忠诚、敬业，视获取财富为上帝使命的新教精神促进了美国经济。纽约大学金融学教授弗格森在《纽约时报》撰文：为什么美国经济超过欧洲，信仰的因素和职业精神起了关键作用。作为历史短暂的移民国家美国几乎不存在民族认同，只有国家认同。不过美国主流文化仍然源自西欧，属于盎格鲁撒克逊文化。但随着来自亚、非、拉地区的移民人口越来越多，宗教信仰和价值观的差异使美国形成了众多亚文化群体。现在的美国是一个多元民族和族裔构成的国家，包括许多各自独特的文化，而不再是清一色的盎格鲁撒克逊文化。发轫于20世纪70年代的多元文化主义以美国社会日趋多样化为基础，开始关注社会不同文化群体的权力，如黑人、妇女、穷人、残疾人等群体的平等权利，要求主流社会给予亚文化群体平等地位并承认他们的文化价值观，使美国成为一个文化价值观多元、各社会群体相互平等的社会。❶

❶ 王恩铭：《也谈美国多元文化主义》，载《国际观察》，2005年第4期。

在一个多元文化的民族国家内部出现了世俗社会的“价值诸神”冲突。纽约申奥片从多元文化主义出发，运用多元文化的符号表征对不同文化群体进行了视觉化的人文关照。从这个意义上来说，看似平淡的纽约申奥片饱含着极大的人文意义，为跨文化传播中国家形象与社会责任的塑造创造了一个新的视觉表达模式。在第一个系谱轴对纽约城市景观的统括性镜头组中就对美国多元文化的景象进行了描绘。唐人街上的中文招牌、街头报亭上的日式风格房檐设计、厢式货车上的涂鸦文化，再加上我们熟悉的曼哈顿的高楼、华尔街、时代广场、第五大道，构成了一个多元文化表征下的美国国家形象。

图2-8 中央公园里卖艺青年的镜头

在纽约申奥片“中央公园”系谱轴中，有两个镜头是对公园里卖艺青年的描述。(见图2-8)第一个镜头是对青年弹吉他的特写。一个穿着黑色衣服的白人男青年在神情专注地弹吉他。微微闭合着的双眼显示出其正陶醉在艺术的氛围中。手中的吉他音箱上的油漆已剥落，板材颜色不均，显然是把较为破旧的吉他。第二个镜头是用远景交代了弹吉他男青年所处的环境。这是在中央公园内的小河边，男青年坐在自带的折叠椅上，脚的前方放着打开的琴箱。从打开的琴箱和摆放的位置上看，男青年是个卖艺者，这在美国是常见的职业。但这时镜头中男青年左右没有出现围观的欣赏者，三三两两的游人散落在镜头左中右的边缘位置，欣赏着各自的风景。通过一近一远的两个镜头传达出影片对卖艺者的尊重与关怀。本该是市景文化中的小人物，社会的底层普通市民形象，但在影片中，通过视觉语言表述的是在美国的人文观下，卖艺者是为实现理想而奋斗着的街头艺术家。纽约申奥片中交代了多位街头艺术家群体，有在时代广场吹小号的中年黑人，第五大道街头的现场表演街舞、音乐的年轻人。相对于这些流浪于街头的艺术家们，影片也有表现着精英音乐家们的场景，在林肯艺术中心上演着交响乐演奏，而可以在林肯艺术中心里演出的都是音乐家里的佼佼者，这也是街头艺术家们最终的奋斗梦想。影片叙事中对街头艺术家这一非精英群体的关注是影片平民主义拍摄风格的表现，是汲取了平民文化中的这一群体为代表，将美国社会中最默默无闻的，却是对社会体系中贡献最大的大众阶层的人文关照。

关键词之一，其含义几乎覆盖了整个社会和人文科学领域。表征意味着用语言向他人就这个世界说出某种有意义的话来，或有意义地表述这个世界。❶《牛津英语简明辞典》中把“表征”定义为：表征某物即描绘或摹状它，通过描绘或想象而在头脑中想起它，在我们头脑和感官中将此物的一个相似物品摆在我们面前；表征还意味着象征，代表，做(什么的)标本，或替代。这个世界上的事物本来都不具有固定的意义，一种文化中的成员们通过表征这个过程使之生产各种意义，使事物发生意指。但是在不同的历史时期与不同的文化圈中，意义的表征并不相同，不同的文化对同一事物可能会赋予了不同的表征意指，因此在两个文化体系中有必要有进行翻译的事物，用信码的概念来理解哪个词汇用于哪个概念。（见图3-1）

❶ 斯图尔特·霍尔编，周宪、许均主编：《表征——文化表现与意指实践》，商务印书馆，2003年版，第15页。

表征问题之所以得到文化研究者的日益关注，得益于其建构功能。表征具有对语言、符号和文化进行编码、解码的功能。在斯图尔特·霍尔看来，事物都有着两个表征系统，第一个表征系统将所有种类的物、人、事都联系于我们头脑中拥有的一套概念或心理表象。第二个表征系统是一种可共享的语言通道，使诸概念与观点同一定的书写语词、视觉形象联系起来。第一个系统使我们能赋予世界以意义，第二个系统依靠的是我们的概念与一系列符号之间建立起的相似性。表征的特征是观念系统的再现，是对身份认同的表现(presentation)或建构一种有误的再现(misrepresentation)。这样一种表现或建构显然与意识形态、权利、话语和主体性密切相

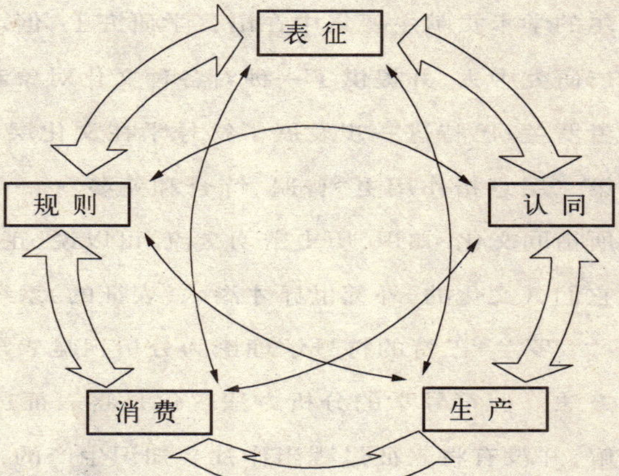

图3-1 文化的循环❷

❷ 斯图尔特·霍尔，周宪、许均主编：《表征——文化表现与意指实践》，商务印书馆，2003年版，第1页。

关，因此表征的文化内涵即文化表征所蕴涵的意指实践也就彰显出来。文化表征是一种复杂的意识形态关系中最集中的再现，拥有支配权力、垄断生产体制并对大众审美情趣加以物化导向的社会机构关系往往可以在某一历史时段中，依据自身的需要，决定文化表征的内容和形式。❶

❶ 邹威华：《后殖民语境中的文化表征》，载《当代外国文学》，2007年第3期。

在文化实践中，人们又逐渐通过表征将意义复杂化，一个事物并不一定对应一个意义，它可以传达出多种隐含意义，索绪尔、罗兰·巴特的符号学方法和话语、知识与权利的福柯观点构成了表征的构成主义途径，可以帮助我们理解不同文化的意义。

2. 文化表征理论的构成主义理论源流

斯图尔特·霍尔关于表征的观念极大地继承了索绪尔符号学方法。虽然索绪尔的学术贡献主要集中在语言学研究上，但之后他的理论被广泛运用到了意义生产研究中去，并提供了一种对各种文化对象和实践的表征的模式。索绪尔的继任者罗兰·巴特进一步发展了符号学在文化层次上的运作，被巴特称之为"神话"的第二层意指作用更"普遍、综合和芜蔓"……它处理"各种意识形态残余……这些所指同文化、知识、历史密切交流，可以说，正是通过它们，(文化的)外部世界才渗入(表征的)系统"❷。

❷ 罗兰·巴特，1967年，第91—92页，转引《表征——文化表现与意指实践》，商务印书馆，2003年版，第39页。

罗兰·巴特的符号学理论为分析视觉表象是如何传达意义提供了有效的理论方法。但符号学的分析方法仅仅是将表征过程局限于一个非开放的系统中来理解，并没有将表征过程当作社会知识生产的社会实践与权利相关联。而福柯通过其话语理论，为表征问题开辟了一条重要的道路。

福柯有关话语概念、权利与知识的话题以及主题问题在一定程度上涉及了表征概念。福柯从符号学以意指结构为基础的方法，转向了以权利、战略发展分析为基础的方法："在此，我相信，一个人的观点所涉及的不应是语言和符号的宏大模式，而应是有关战争和战役的事儿。历史承载并决定着我们，与其说它具有一种语言的形式，不如说它具有一种战争的形式：涉及的是权利而不是意义。"❸福柯将关注点从语言转向了话语，意义和意义实践是在话语范围内被构建的，他看来，在话语以外事物是没有任何意义的。在福柯后期的著作中，更加关注知识和权利之间的关系，他认为由于知识总是在实践中被应用于规范社会行为而与权利有着纠缠不清的关系。福柯理

❸ 福柯，1980年，第114—115页，转引《表征——文化表现与意指实践》，商务印书馆，2003年版，第44页。

论相对符号学带有明显的意识形态分析框架，但福柯的这种关于话语、知识和权利的论述与马克思意识形态理论有着较大区别。他把知识和权利间的关系看作是一个阶级权利和阶级利益问题，他反对将阶级简单化，认为所有政治和社会形式的思想都不可避免地卷入知识和权利的相互作用中。

二　申奥片影像中的“国家与民族性影像”范式

通过考察申奥片影像中支配性的表征范式的形式和内容，可以探讨此类影片表象在为本民族定义国家性方面所起的作用。申奥片并不是单纯的本国景象纪录，其影像本身必然包含拍摄者、导演，以及国家权威意识形态的特定看法，基于不同的文化背景他们对于表征方法的不同表达，使影像在表述上各具特征，但其支配性的表征范式仍深深镶嵌其中。申奥片是用于申奥会议现场展现国家形象和城市申办能力的说服、宣传性影像资料，在不同申办国的申奥片的表征话语中都采用了构成主义方式进行了国家的形象构建，影像主要聚焦在优美的国家景观、悠久民族文化、热爱运动的人民的视觉表达上。这种表达出来的表征范式具有浓厚的国家、民族性特征，因此我们将申奥片影像表征范式称为“国家与民族性影像”。在申奥进程中，这一范式内的影像对申办国的“国家性”和“民族性”起了重要表述与传播作用。在申办奥运举办权的会议现场，入选的五个候选城市的申办陈述中，“国家性”的建构是每个申办国成员运用得最为广泛的一个表征范畴，在城市景观日趋同质化的今日，申奥片作为一种有效的视觉表述方式有必要传播出不同于其他四个申奥国的视觉影像，而不论表达方式、内容是否相同，在视觉表述中均通过本国与本民族的表征系统来强化申奥国的异质性。

对于申奥片的导演、拍摄者而言，在短短5分钟的影像内表达出本国的景观与申奥理念是一件困难的事情，这就需要他们选择题材并决定拍摄这些题材的方法。在这其中他们个人的价值观和动机就会渗入到对题材的框选和对拍摄方法的选择中去。对于申奥片的拍摄决策方而言，他们具有对整个申奥片主题、内容等的决定权，也有着对导演的选择权。申奥片拍摄决策方是各个申办国的奥组委，奥组委虽然是临时机构但也属于国家权力机关的一部分，对于申奥片的拍摄要求必然带有鲜明的国家阶级利益，看似和谐景观下也必然依附着国家、政党的价值观。考虑到民族感情在申奥片的观念表达上的充分性，申奥片决策者对于导演的选择多半不会冒风险选择国外的导演，会倾向性地选择能够充分理解本国与本民族文化、影像观念表达不激进、视觉传达能力优异的本国导演担纲。在申奥片拍摄之前的多次选择中，申奥片决策者和导演就已经担当起"把关人"的角色，并自觉和不自觉地将其自身的意义和价值观编入了视觉影像内容当中，而这些影像正是申奥片"国家与民族性影像"范式的关键。

范式的概念是美国哲学家库恩的经典理论，库恩对科学发展持历史阶段论，认为每一个科学发展阶段都有特殊的内在结构，而体现这种结构的模型即"范式"(Paradigm)。"范式"概念包括两大方面的含义：一是指心理要素，它包括某一历史时期该学科领域的科学共同体共有的信念和态度，如信念、直觉、审美、灵感、顿悟、价值取向等等；二是指理论和方法论层面，即科学共同体对该学科领域所建构的共同理论模型和解释框架，如概念、原理、定律、公式、实验技术和设备等。范式是科学共同体开展科学活动的基础。[1]范式论揭示了科学不仅仅是纯粹理性和纯粹逻辑范围内的事情，科学的演变和发展是与科学以外的社会和历史因素紧密联系着的。他强调科学与社会的紧密联系，这是范式论的一个重要思想。

库恩的范式论不仅揭示了科学活动及其发展是多种要素综合作用的整体性活动，而且揭示了这种整体性活动体现为集体性质。他指出范式代表这一共同体成员所共有的信念、价值、技术手段等的总体。"共同体的本性提供了实质性的保证，由科学所解决的问题的数量和这种问题解答的精确度都将不断增长。至少共同体的本性可以提供这样的一个保证，如果真有一种方式提供这一保证的话，还有能比科学共同体的决定更好的标准吗？"[2]从社会学的角度来看，范式也就是某一个历史时期为大部分共同体成员所广泛承认的问题、方向、方法、手段、过程、标准等。合理性是相对于范式而言的。从范式以外看到的明显谬误在范式中却是合理的。这有点像相对主义，但比相对主义高明。范式虽然是可比的，但是它们之间并无优劣之别。

范式的概念提供给我们一种理解各国申奥片拍摄团体是如何分享共有的表征观念的方法，他们是如何通过确保作为一种表征形式的"国家与民族性影像"范式的支配地位而聚集在一起，如何产生出一个相近的主题来表达他们世界观的中心话题，以及如何给本国社会寻求到适合的视觉形象。通过对表征范式细致地考量，

[1] 张谨：《库恩的科学观》，载《江汉论坛》，2006年第3期。

[2] 托马斯·库恩：《科学革命的结构》，金吾伦、胡新和译，北京大学出版社，2003年版，第152页。

我们能够寻觅出申奥片影像的生产条件，以及影片本身所创造的社会语境。

库恩的范式概念已经成功地应用于摄影、绘画等各种艺术形式的分析。[1]申奥片影像创作作为视觉影像的一个小门类，虽作品不多，但随着奥运会传播范围的扩大，其影响力不可小窥。申奥片拍摄也成了世人关注焦点，这些都促使申奥片拍摄者共同体的形成。虽然申奥片是各个国家分别拍摄而成，但它也遵从了范式变革过程，呈现出一种集体性质。当然影像的范式变革并不是指一种科学意象的新形式，而是指一种新的视觉审美观的出现而促生出的一种新的支配性的表征观念。这种表征观念通常由一个或较多的拍摄者推出一个有关表征的影像新风格，往往以较为鲜明和创意性的题材为开端，生产它的各种形象，这些形象又以巧妙的编排方式构建和配色。当一种范式被推出之后其创新性必然会受到其他拍摄者的关注，在集体性的探讨后，新的范式有可能成为一种标准化的创作技术而得以沿用。库恩在《科学革命的结构》一书中就提出，任何一门学科在没有形成范式以前，只处在前范式时期或前科学时期。一个学科一旦出现了统一的范式以后，就进入渐进性发展的常规科学时期。在常规科学时期会出现反常和危机现象，而新范式的出现标志着危机的终结，进入了科学革命时期。当新范式最终战胜并取代了旧范式，这就意味着科学革命时期的结束，开始了新的常规科学时期。在新时期，科学研究以新范式作为科学共同体的共同信念，并在它的指引下继续积累式地前进。

[1] 其分析可见汉密尔顿，《表征社会：战后平民主义摄影中的法国和法国性》，载斯图尔特·霍尔编，《表征——文化表现与意指实践》，商务印书馆，2003年版，第79—81页。

区别于科学学科，在艺术门类中单一性的范式并不多见，一般以多范式的形式出现。“百花齐放、百家争鸣”正是对一个时期中多艺术风格的呼唤。艺术思维形式多提倡发散性的创作方法，但库恩的范式概念却提出了“聚敛性”的思维方式，提倡在解放思想的同时还要尊重传统，要善于按照一定模式进行思考。范式的这种作用，使艺术成为一种可以自我修正的理性发展活动。正是范式的世界观作用给艺术门类规定了一定的生产目标，不会将艺术沦落为精神颓废的发泄替代物。在艺术门类中虽存在多范式的状况，但在一定时期内支配性的范式会征服各重要派别。在申奥片的影像中正是由于那些在范式内运作的文化产品被广泛传播，其影响力才能清晰地被感受到。一旦申奥片的受众对申奥片中某种特质感兴趣，或申奥片在大众媒体上广为传播时，我们可以认为其影像范式取得了支配地位。

第二节 国家形象与视觉表征

一 国家形象传播的全球化语境

在过去的一个多世纪中，通讯与传播技术的快速发展从根本上改变着人类社会的生存方式，世界每个角落被媒体联系在了一起，成为一个"地球村"。不同的人群和文化在全球范围内相互依存，这已成为人们日常生活的一部分。在1969年，美国卡特总统时期的国家安全顾问布热津斯基在《两代人之间的美国》一书中首先提出了"全球化"一词，20世纪80年代开始，"全球化"这一词汇迅速流行开来，至90年代出现了高潮。一如澳大利亚学者沃特斯所言：就像后现代主义是80年代的概念一样，全球化是90年代的概念，是我们赖以理解人类社会向第三个千年过渡的关键概念。❶

❶ 转引自刘建明：《全球化的终极与国际传播架构》，载《国际新闻界》，2002年第3期，第47页。

全球传播时代，互联网传播以即效、共时的传播特性迅速改变了传统媒体的传播方式与传播理念，并且模糊了传统意义上的大众传播、组织传播和人际传播的界限。通过互联网平台可以方便地实现信息发布的大众传播，论坛内的组织传播，电子邮件、聊天工具内的人际传播。互联网提供给不同国别、不同文化背景下的陌生人交流的平台，从而创造了一个全球性的公共领域，催生出了空间上的虚拟交流社区。哈贝马斯在对公共领域的几次结构转型的分析中指出，在各个历史时期支撑起公共领域的是不同的群体与组织。原本掌握在私人手中，不受公共权力机关干涉的传媒被彻底颠覆了，虽然传播效率提高，但容易受某些个人或集团利益的影响。当下在互联网提供的公共领域平台上有着开放讨论平台以及强大的搜索、超链接手段。技术上的可能性提供给组织及团体以网络空间上自由谈论的平台，许多组织将讨论空间转移到网上，公众可以抛开个人和集团利益的影响，从而为成为新型"公共领域"。

被称为"全球化(globality)之父"的美国全球化理论家丹尼尔·耶金认为，面对全球化的浪潮，我们无处可逃。他进一步指出，有三种力量相互作用的结果创造出了这个新的全球化：第一是自由经济和市场作用的增强，政府管理经济的能力削弱；第二是随着经济实现一体化，各国边界进而是民族国家权利受到削弱；第三个因素是无情的技术力量，这是全球化的有效基础。幸而全球化能为我们带来许多美好的东西，只要处理得当全球化的结果还是会利大于弊的。❶

总之，全球化已经打破时间、空间、文化假设以及人类社会的范围、结构和功能的种种局限。它不仅要求新的思考方式和组织方式，而且提出“在知与行、理论与现实、结构与程序之间探求有力的联系是亟待解决的新问题”❷。

❶ 丹尼尔·耶金：《一个时髦词的诞生》，载美《新闻周刊》，1999年2月15日。

❷ 陈国明：《全球传播能力模式》，载《国际跨文化传播精华文选》，浙江大学出版社，2007年版，第19页。

1. 国家形象传播的历史语境

所谓国家形象是国家外部公众和内部公众对国家本身、国家行为、国家各项活动及其成果给予的总的评价和认定，是国家力量和民族精神的表现和象征，是综合国力的集中体现，是一个国家最重要的无形资产。❸在16世纪之前，东西方国家之间交流不畅，能往来于东西方的商人们往往需要历经千辛万苦，冒着生命危险才能完成双边贸易往来。当时只能靠人与人之间的口口相传与少量的游记性书籍帮助人们了解其他国家形象和整个世界。张骞出使西域、玄奘取经、郑和下西洋等都是中国古代脍炙人口的中国对外形象传播事例。早在中国元朝的元世祖时期，意大利旅行家马可·波罗来华并居住了十几年。其《马可·波罗行纪》一书为向世界传播东方国家形象起到了普及性的作用。

❸ 管文虎主编：《国家形象论》，电子科技大学出版社，1999年版，第3页。

最早向世界传播西方国家形象的是传教士群体。在18至19世纪，殖民主义的扩张、交通工具的进步使新教兴起了传教运动。各宗派先后成立向国外布道的差会组织，将新教传到世界各地，特别是边远的亚洲和非洲地区。在传教过程中，西方文化也随之向东方宣教国家渗透。这些传教士群体向宣教国传播宗教思想的同时，也将西方的国家形象一并传输了进来。

18世纪中叶工业革命开始在西方兴起，新航路的开辟、殖民扩张与资本主义世界市场的形成和发展使国际分工和国际交换迅速扩展，国家形象的传播在充满殖民主义色彩的氛围中被传播开来，处于经济弱势地位的东方国家不得不在大炮和鸦片侵略中从属于西方发达国家。“日不落帝国”正是对侵略国最为贴切的国家形象描述。到20世纪初，由于垄断组织和金融资本的统治已经确立，资本输出大大发展起来，国际托拉斯开始分割世界，抢占和控制广大的殖民地、半殖民地和附属国。在发达资本主义国家输出文化制品的同时也输出了相对完整的国家形象概念。20世纪80、90年代以后，新媒体的相继发明与应用促使了新的国家形象传播载体的出现。掌握着先进传媒技术的国家依靠大众媒介更加隐蔽地传播着其国家的主流意识形态。

2. 全球化传播语境的不平等性

全球化进程在全世界快速推进，在其进程中折射出了西方的道德标准和价值取向。全球化打破了东西方间交流的屏障，信息互通有无，扩展了双边贸易，促进了全球一体化经济进程，但另一方面，这一交流过程是非对称性的，在西方国家向发展中国家，特别是经济落后的发展中国家输入了文化产品、推销经济商品和民主观念的同时，必然也附带上了经济、文化、政治上的后殖民性策略。

詹姆逊提出："我们企图定义全球化，但我们做的并不比意识形态臆断好多少，我们所讨论的不是全球化过程本身，而是它的效果好坏：做评判，换句话说，在本质上就是绝对化。"詹姆逊还建议追踪"全球化5个截然不同的水平"之间的相互联系：技术的、政治的、文化的、经济的和社会的，从而列举政治抵制全球化的举措。[1]从詹姆逊所言的技术的、政治的、文化的、经济的和社会的5个水平上看，发展中国家都需要依附于西方发达国家。在全球化的新经济秩序下，政治上的殖民入侵已被时代唾弃，经济成为了全球化追逐的资本，同时，文化被当成商品被贩卖，被巧妙地遮掩着进行霸权式的传输。葛兰西的霸权理论和法农对保守民族主义和帝国主义关系的论述，都深刻指出了文化帝国主义在全球化语境下的垄断地位。而后殖民主义文化理论的代表人物萨义德在《东方主义》一书中指出，东方主义是与西方殖民主义和帝国主义紧密联系在一起的西方关于东方的话语形式，在东方主义话语背后体现出来的东西方关系是一种权力关系，一种支配关系，一种不断变化的复杂的霸权关系。汤林森在其成名作《文化帝国主义》提出，20世纪70年代以来，世界进入了一个由现代性催化的"全球化"时代，旧式的帝国主义体系已经被全球资本主义体系所代替，不仅体现在国际金融、跨国公司的出现上，还体现在文化体验与思维方式的扩展与重塑上。事实上，文化帝国主义的语境已经随之发生了巨大改变。

在文化传播领域，这种不平等性表现得尤为突出：目前传播于世界大部分地区的近90%的新闻信息由美国和西方通讯社垄断，美国、英国、德国、法国和日本5个国家的15个跨国公司，用不同方式控制着绝大部分国际广播业务。美国还控制

[1] 拉玛斯瓦米·哈里德拉纳斯：《全球媒介探析："第三世界"、"民族主义"和"帝国主义"》，载单波、石义彬主编：《跨文化传播新论》，武汉大学出版社，2005年版，第126页。

了全世界75%的电视节目的生产制作，许多发展中国家所播映的电视节目中，美国生产制作的占60%—80%，而美国本国的电视节目中，外国生产制作的仅占1%—2%。目前国际互联网上的中文信息还不足万分之一，而英文信息却占90%以上，在英文信息中，不受西方控制的信息，更是不足万分之一。❶从这组数据中可以看出在交流越来越顺畅的全球化传播体系中，资源性的不平等仍是制约着发展中国家话语权的主要原因。而这种资源不平等又是依附在政治的、文化的、经济的发展框架下，这就像是一个恶性循环系统，越是贫困落后的国家越是在全球化语境中占有弱势地位。并且，在相当长的时间内信息都不可能在全球范围内实现真正平等的、自由的流通。

❶ 李希光、孙静惟主编：《全球新传播》，南方日报出版社，2002年版，第217页。

3. 全球化传播语境中的国家与民族

有关全球化的一个争论焦点是国家的角色，在全球化的环境中似乎国家变得越来越无关紧要。这在哈代和奈格里德的有关论述中都体现出了国家角色的日益衰弱。但是，伍德等学者却持有相反的论点，在她看来，国家在实现资本的全球扩张中起着非常巨大的作用。“今天，跨国资本可以比过去旧的军事帝国主义形式更有效，它渗透到世界的各个角落，但它乐于通过当地资本和民族国家为中介来完成这一任务。”阿迈德进一步认为国家在资本的全球化中扮演了明显的合谋角色：在他看来，民族资产阶级对国家有一种暧昧的态度，因为他们“既希望或多或少绕过国家的法律法规层面（通过自由化、市场化等），又想利用它来保护有利于资本的国内生产条件……以及推动国内和国外的资本的勾结。换句话说，新的民族资产阶级和帝国主义资本自身一样，需要一个在资本上虚弱，而在劳工上强壮的民族国家”❷。

❷ 拉玛斯瓦米·哈里德拉纳斯：《全球媒介探析：“第三世界”、“民族主义”和“帝国主义”》，载单波、石义彬主编：《跨文化传播新论》，武汉大学出版社，2005年版，第127页。

这有关国家与民族资本的正反两面的观点对于我们理解国家形象的构建有着启迪性的作用。本土的政治与经济精英们对于帝国主义资本有着矛盾心态，既对其世界霸权有着天然抵触情绪，期望民族主义和民族文化的兴盛，但另一方面本国市场的快速崛起又有赖于有着雄厚资本和丰富经验的帝国主义资本的进入和开发。本土文化在民族主义的簇拥下在本国的传播中看似风光无限，但帝国主义包裹着成熟的文化产品对新型文化市场的冲击是本土文化所抵挡不住的。在本国尚且如此，民族文化一旦进入全球化视野，立即在高速、成熟运转的媒介资本挤压下集体“失声”。因此我们可以看到作为发展中国家的中国，在申请2008年奥运会的宣传工作中聘请的都是像美国万博宣伟公关公司（Weber Shandwick）、英国贝尔-波廷格公关公司（Bell Pottinger）这样的国际跨国公关机构帮助传播、发布其公关信息，这为北京申奥的公关信息顺利进入到世界主流媒体的议程设置框架，成功申请到2008年奥运会的主办权起到了至关重要的作用。而这一点是发展中国家的传媒体系不能承载的，这就需要发展中国家在发展经济的同时努力构建世界性媒介渠道，为发展中国家在世界全球化进程中争夺到更多的话语权。

二 作为客观表象与主观解释的申奥片影像

影像是什么？按照《辞源》的说法，影像（image）一词应该和模仿（imitari）的词根有关。“于是我们立刻发现，我们已处在面对关于种种影像的符号学所提出的最重要问题的中心：类比式再现（‘复制’）可以产生一些真正的符号系统而不再仅仅是一些普通的象征汇聚”❶。按照中国人“眼见为实”的观点，直接通过视觉艺术形式传播的影像更能让人们有贴近现实的真实感受，往往认为影像就是对客观世界的记录。这种对事物真实性的信息扩展到了对事物的影像的信服。与词语不同，根据经验，影像直接而迅速地被人接受和理解：在那里、完整、真实。❷通过屏幕我们感知的影像是如此逼真，似乎与我们所处的世界并无二致，以至于我们把影像当作客观世界来看待。因此，人们普遍相信影像是一种内在的具有客观性的表征媒介。我们依靠媒介影像来了解整个世界，它似乎客观地带领我们穿越千山万水，体验异域风情，在这种被动性的观看中，人们习惯于单向度的接受视觉信息，而并不会怀疑其客观表象。历史上第一篇影评的作者安德烈·盖伊盛赞电影“实地拥获的自然景象……竟能给人这么即刻的真实感和生命感”，而中国的一篇文章《观美国影戏记》也写道：“如影戏者，数万里在咫尺，不必求缩地之方，千百状而纷呈，何殊乎铸鼎之像，乍隐乍现，人生真梦幻泡影耳”。❸

❶ R·巴尔特：《影像的修辞学》，陈越译，载《世界电影》，1997年第4期，第182页。

❷ 罗伯特·考克尔：《电影的形式与文化》，郭青春译，北京大学出版社，2004年版，第10页。

❸ 作者佚名，收录于丁亚平：《百年中国电影理论文选》，文化艺术出版社，2003年版。

申奥片依靠这种影像传播的客观表象向受众传递出了申办国的景观与风情。法国2012年申奥片中浪漫的法兰西风情影像犹如一幅幅风景画徐徐展现在受众眼前，一如人们感知中的浪漫之都巴黎，在观看由吕克·贝松执导的法国申奥片时，没有人会怀疑其影像的真实与客观性，申奥片影像与受众预设的法国的国家形象呈现出一致性。美国2012年申奥片采用黑白影像的形式呈现出了不夜城纽约24小时的热闹景观，从曼哈顿、华尔街、中央公园、林肯中心广场到扬击体育场，人们似乎并没有对黑白影像中展现出的纽约景致产生不适的感受，曾经游历过这些景点的受众会产生故地重游般的温馨感。人们并没有对影像中所呈现出的黑白景观和真实中色彩斑斓的纽约城之间的矛盾产生质疑和不满，这是源于一旦人们进入到影像情境中就很容易忽视影像所原有的本来性质。

影像为我们提供了一种赢得真实感的出色的假象。影像（image）一词在英语中与“想象”（imagining）有相当的关联性，通过影像传达出的客观物质世界是加入了拍摄者的想象性的理解。当我们面对影视媒介逐渐取代印刷文字成为世界流通的新话语，当影像文化对全球的覆盖成为人类面临的新景观时，我们不得不又想起萨特关于影像虚假性的智慧提醒，影像可以用貌似的真相来取代真实本身的价值，使我们感知的世界变成一个幻象的世界。在申奥片拍摄过程中，每个镜头景别都被绘制在了故事板上，分镜头剧本、布景制作、演员等一一到位后，在重新布置的实景或人造景观前打上逼真的光线，使演员自然地融合在已被人造化的景观中。后期剪辑与特效制作也是申奥片的重要环节，虚拟的背景，图形被叠加到影像上，色调被重新调整，影像在拍摄者们的“伪造”中完成了对客观世界所谓真实性的还原，而在摄像机的本位下，一切都是经由了拍摄者的主观解释与重新认定后的影像，影像中隐藏了摄像机的镜头，受众的视觉观看替代了原本摄像机镜头的位置，让受众认为影像是通过自己的双眼所直观看到的，从而把经由视觉观看到的申奥片影像当作客观现实来理解。

第三节　实践中的范式：申奥片中的国家与民族主题

申奥片是奥运会形象宣传片的简称，它是奥运申办国展现申办城市综合实力和申办理念的影像表述。由于影片有着浓烈的目标指向，因此我们一般将申奥片划分在宣传片范畴中。由于申奥国文化背景的不同，每个国家的申奥片在表现手法和叙述策略上各有不同，但从宣传角度而言，其内容一般包含两部分，一是城市形象的展示，二是奥运精神和理念的展现。具象与抽象，经由导演的精心安排，二者在短短几分钟的影像文本里有机地融为一体，然后通过奥运申办平台向世界进行跨文化的国家形象推销。

在全球化语境中，体育日益成为人类超越国界的共同语言，正成为人们沟通的重要方式。只要有赛事直播覆盖到的地区就有疯狂的球迷，在今天无论是英超的阿森纳，还是西甲的皇家马德里，是奥兰多魔术队，还是洛杉矶湖人队，它们的球迷早已不分国界，遍布于世界各地。奥运会也是这样一场让全人类狂欢的体育盛宴，它借助全球化传播方式使人类在某种程度上达成了一种暂时的和谐。能申办到四年一届的奥运会不仅能提高城市知名度，还能刺激国家经济增长。因此，自1984年美国洛杉矶奥运会首次实现盈利之后，奥运会的主办权开始争夺激烈。在申办过程中，为了方便评委直观地了解申办城市的状况和申办理念，各个国家都将申奥片当作申办过程中至关重要的一个武器，尽管一个申奥片只5分钟长短，但各个申办国均不惜余力地邀请知名导演精心拍摄，试图在申办投票现场将本国形象最完美地呈现在评委面前。此外，申奥片还是跨文化传播的极佳文本。高关注度下的申奥事件是世界各大媒体的关注焦点，在奥运和媒体的合力作用下，可以让不同国家之间进行信息、资源、物质的交流，这无疑给申办国的国家形象进行全球性的跨文化传播提供了绝佳宣传机会。特别是在互联网媒体中，申奥片传播效果出色，申奥片视频文件在Youtube这样的视频点播网上点击率居高不下。在伦敦取得了2012年奥运会主办权后，其充满幽默元素的申奥片便在中国大众媒体中争相播出，优秀的传播效果使中国民众对英国和伦敦人的印象有了大幅度的提升。

一 范式的各种要素

仔细分析各国申奥片影视文本，尽管拍摄风格、表述手法不尽相同，但几乎所有的申奥片都非常清晰而强烈地表征了一种国家与民族性叙事特征。进入最后2012年奥运会申办候选城市的巴黎、纽约、马德里、莫斯科、伦敦个个实力雄厚，被舆论认为是竞争最为激烈的一次申奥竞选。对于申办过程中需要现场播放的申奥片，5个国家也使出了浑身解数来准备。巴黎邀请吕克·贝松操刀，纽约力邀斯皮尔伯格参与，而伦敦则选择了一个名叫“新月”的制作公司来制作申奥宣传片。最终这个仅50万英镑预算的小成本制作影片，在英国新锐青年导演达瑞尔·古德里奇的指导下成功击败了高成本的巴黎、纽约申奥宣传短片，古德里奇也成为伦敦申奥功臣，并因此获得了英国皇家影视社颁发的终生成就奖。伦敦申奥片《骄傲》以一个青年女子的奔跑作为线索，她跑过了伦敦桥、大笨钟、白金汉宫等名胜古迹，将贝克·汉姆、007前扮演者罗杰·摩尔等明星与爱运动的普通伦敦市民联系在了一起。美国申奥片《让梦想开始》从曼哈顿、华尔街、中央公园、林肯中心广场，一直拍摄到深夜纽约街头景观，展示了不夜城纽约的繁华景象。法国申奥片将奥运五色、五环融入影片中，以奔放年轻人的激情萦绕过香榭丽舍大街、凯旋门直到埃菲尔铁塔，创造出激情四射的法国浪漫。西班牙《为你准备好一切》的申奥片运用弗拉门戈音乐的律动感将热情的西班牙人民，历史悠久的西班牙皇宫、太阳门广场、丽池公园和当代另类的毕尔包博物馆结合在一起，构筑了一道充满南欧的光艳色彩与韵律感的影片。2012年的5部优秀的申奥片虽出自不同国家的导演之手，但他们不约而同地展现了各自国家的名胜古迹与优秀代表建筑，尽管这些名胜对于非本国的受众而言并无太大意义，但它可以清晰地表征出其鲜明的国家性特点，因此我们发现申奥片中几乎杜绝了风格相似的现代主义风格的建筑群，即使在美国申奥片中有所展现也是作为曼哈顿背景的远眺。特征明显的后现代风格建筑也仅出现在了西班牙申奥片中的毕尔包博物馆和英国申奥片中“伦敦眼”的一瞥中，所占比例极少，有着众多后现代风格建筑的法国和美国并未在申奥片中有所展示，这一方面是因为在5分钟的时间内的影像叙事不可能面面俱到，另一方面则是由于后现代建筑的民族性特征不够明显，对于不居住在申办城市的受众来说，当地民族性的景观才是历史沉淀下的财富。跨文化传播中的国家、民族识别性越高，才越被看作是典型的国家与民族性的表征。因此为了制作出具有本国文化特征的影片，各国奥申委都不约而同地聘请了本国具有一定威望的导演执导申奥片，各国导演运用他们对该城市背景的熟悉的知识制作成了具有较广泛内涵的各种影像，这些影像并不是对城市的纪实性记录，而是选取出最具有代表性的形象来表述本国的各种特殊文化。申奥片努力营造出一个有关日常生活的形象，街头打篮球的年轻人，广场运动中的老年人，游戏中的儿童，试图让受众看到的申奥片中的影像与自我日常观察到的表象是相符的。从这个意义上说，申奥片比起被假定为纪录片而言，更接近于优美的城市风光片，整个影片中充满了纪实与想象的混合。

在伦敦申奥片中，导演邀请了诸多英国籍的国际明星来助阵，但在场景设计中导演有意识地将这些明星日常化，贝克·汉姆在小咖啡店里玩填字游戏，伦敦市长乘坐公交车外出，奥斯卡影后海伦·米伦在街头向警察问路等场景的设计显然

图3-2 伦敦申奥片中明星也是普通人的镜头组。贝克·汉姆在小咖啡店里玩填字游戏，伦敦市长乘坐公交车外出，奥斯卡影后海伦·米伦在街头向警察问路。

是导演要让这些明星拍摄成“普通人”（见图3-2），他们不再是出入在时尚场所或昂贵消费地区，当然也不在贫民区，他们就是伦敦的普通市民，这是对大众阶层的典型能指。申奥片的拍摄视角展现出了中性的大众阶层观点，用平民主义的形象表现了一种内涵广泛的和普遍团结一致的国家性表象，它定位于大众阶层中普通市民这一公众想象中的主要团体。

据此，我们可以分析出申奥片中国家与民族性影像范式中的如下5个要素：

1. 紧凑性：快速的剪切、抽帧等技术的使用让影像紧凑而丰满。

2. 景观性：营造绝美的视觉景象，打造唯美主义。

3. 移情性：与申奥片表征的对象情感移入或共谋。

4. 日常性：以大众阶层的视角作为拍摄角度，展现大众阶层的日常生活。

5. 亲切性：依靠幽默、微笑、身体姿态等构筑本国民众的亲善性，提升国族印象。

这些要素有助于我们设计出一套对全球化语境下申奥片中支配性范式的根本特征的有效分类。这些要素都可以从申奥片中明显的分析出来。国家与民族性影像范式表现出稳定的国家性表象，并从大众阶层视角出发观察、表现社会风貌。

申奥片是如何与国家与民族性影像范式系统相吻合的？不妨用北京2008年申奥片来逐步检查其组成要素。

第一，紧凑性。短短5分钟的2008年北京申奥片共有200多个镜头组成，平均算来一个镜头仅有1秒多的表述时间。为了完整地表达出新北京、新中国的国家和民族形象，影片共分为“戏、绿、都、水、动、愿、乐、健、艺、韵”10个视觉单元，并由文字对视像作了锚定。在展现中华体育健儿风采的“健”单元中大量的“闪白”配合音乐中的律动来转换镜头，给人目不暇接的感受。“抽帧”的使用也使原本需要较长时间来表现的视觉画面只需短短的两三个镜头就表现完毕，避免了一个镜头因为时间过长而给人造成的视觉疲劳，这也与快节奏的配乐相吻合。当然，整个影片在紧凑性的同时也兼顾到了节奏的松紧调节，影片以一轮旭日在清晨鸟鸣声中缓缓升起为开端，经由淡出镜头过渡到京剧勾脸，再直接剪接到敲打鼓点，此后迎合着渐密的鼓点声，画面切换也更为迅速。当紫禁城门开启，帷幕拉开时，和平鸽在碧蓝的天空中尽情遨游，此时在视像抒情的同时节奏又有所缓和。影片有张有弛的配合让受众在5分钟内并不因为镜头过多过快而不能领略到影片的意境。

第二，景观性。景观在申奥片的影像范式中主要包括国家的自然景观和人文景观。在北京申奥片中，景观性也是影片表述的重点。人文景观是国家文化的能指，在各国申奥片中都作为重要元素和符号出现。人文景观多以建筑形态出现在申奥片中，其高识别率对于国家想象性识别和传播有着重要的作用。北京申奥片中也穿插了故宫、天坛、天安门等具有代表性的中国古典建筑。自然景观主要体现在“绿”单元中，大海、小岛这些并不属于北京城市景观的视像运用到北京申奥片中其实是对中国——这个地大物博的国家的表征。由于北京是发展中国家的城市缘故，为了要打破西方受众一贯持有的落后中国的刻板印象，相对于其他国家的申奥片，北京申奥片在人文景观的表述中对于北京现代建筑的镜头相对较多。除了专门在“都”单元中集中体现了中国的现代都市建筑群、发达的交通网络外，在随后的“动”单元中打篮球、跑步等运动场景都是以现代建筑为背景，在“愿”单元中舞龙、练单杠、踢毽子、玩空竹的背景也都是选取了北京的高楼大厦。（见图3-3）导演试图通过景观性表述向西方受众展示新中国的现代化景象，因此在短片开篇将典型民族性的自然景观、悠久的历史景点作为背景交代过后，又用了较多镜头表现了中国改革开放后的现代化景象，体现出了中国国家形象的现代性表征。

图3-3 北京申奥片中人们运动背景常以现代建筑为衬托

第三，移情性。审美移情是指将人的情感"外射"到事物上，从而使感情变成事物的属性，达到物我同一的境界。也就是把人的感觉、情感、意志等移置到外在于人的事物上去，使原本没有生命的东西仿佛有了感觉、思想、情感、意志和活动，产生物我同一的境界。也只有在这种境界中，人才会感到这种事物是美的。虽然以立普斯为代表的"移情说"带有唯心主义色彩，但北京申奥片依靠唯美的画面、饱和的色彩成功地把审美移情到了"中国"这一抽象事物的属性上去。而使受众在观看申奥片时产生审美感情，对中国形象的塑造和刻画有着异常重要的作用。

第四，日常性。申奥片是有关体育赛事的申办宣传片，体育运动自然是影片中的关注焦点。北京申奥片以中国日常生活中的运动形象为诉求题材，展现了祥和的中国性表象。全片所有涉及拍摄的演员都是选用了中国普通百姓，均是非专业演员。他们衣着普通、表情自然，在影片中进行着日常性的体育健身活动。包括世界盛行的篮球、游泳、滑轮、慢跑，也包括中国独特的体育健身方式：放风筝、玩空竹、舞龙和踢毽子。北京申奥片导演张艺谋这样看待其执导申奥片的日常性："我的申奥片主角是中国普通老百姓。虽是小人物，却凝聚着我们最多的民族自尊心、自信心，也是最能感动人、鼓舞人的群体力量源泉。"[1]"申奥片的基本定位是以人心换人心，从人的情感角度，力求展现中国人，普通的中国人，人民对于奥运的期盼。或者说通过人的方式，切入

[1] 春鹏：《张艺谋执导申奥片幕后》，载《湄洲日报》网络版，2000年5月21日。

人的情感，了解中国人。”❶

❶《张艺谋谈申奥宣传片构思》，载《中国体育报》，2000年5月10日。

第五，亲切性。在有限的时间里能够抓住人的情感，这是一部成功申奥片的“杀手锏”。伦敦2012年申奥片以幽默的方式成功地打破了英国人沉闷的刻板印象，而北京2008年申奥片则是运用“笑脸”这个无国界的视觉符号来体现中国人的精神状态。运用孩子的笑、少女的笑、老人的笑，这些“权力”观下的弱势群体的笑容汇集，形成一幅幅中国国民的众乐景象。不断强化的笑脸正是中国亲切、友好、开放的表征。（见图3-4）导演张艺谋认为：“人文色彩不仅仅包含我们通常理解的文化或建筑特色，它更多的是人的精神。我们这部片子要拍出人文色彩，就要反映出中国人良好的精神风貌。奥运会的宗旨往大里说就是人类团结，通过体育达到人类的和平。要想表现出这个主题，只有几秒钟的画面该如何着眼？我觉得笑脸是最直接的，也是最明了、最有效的，因为微笑是无国界的，在3秒钟的时间里，不断切换镜头，人的笑脸以及城市的笑脸，把微笑和热情传递给电视机前的每一个人，向他们发出友好的信息——我们欢迎你们。”❷

❷ 京静：《张艺谋——申奥片亮出杀手锏》，载《生活时报》，2000年11月06日。

图3-4　北京申奥片中老人、青年、孩子的笑脸

北京2008年申奥片依靠国家与民族性影像范式中的5个要素成功地实现了对国家形象的有效传播。依靠紧凑性、景观性、移情性、日常性、亲切性的方法完成了在跨文化语境中对受众的中国视觉形象的推销。正如波伦鲍姆(Judy Polumbaum)所说的,奥运会从申办、举行到余波,都包含"全球化"的元素。奥运会是体育赛事和体育精神展示的舞台,通过先进的电子技术和传输方式,在不同地区和国家间交流人力、物力、资源、形象和信息。在国家的意义上,中国增强自我认知,提高它投射到世界的身份;冷战结束后,中国坚定了迈向市场经济经济体系的步伐,经济上的提升使中国比任何时候都渴望获取奥运会主办权,以提升在国际新秩序中的地位。作为国家机器的媒介也把申奥渲染为中国在世界舞台崛起的象征性符号事件。

二 国家与民族性影像的主题和题材

申奥片导演对主题和题材的选择根本来源于他们要表现的申奥片内容,而申奥片的宣传目的在某些方面制约着导演的想象力和表现力。在5分钟的影像长度内需要传达出申奥城市的综合实力与申奥理念,并且要考虑到审美感、政治利益以及市场力量。在众多制约因素的影响下,导演对申奥片的表述在主题和题材上有着相当的重复性,这最终与国际奥委会对申奥国的申办要求有关。因此,我们可以寻觅出申奥片中国家与民族性影像表达的一些主题和题材:城市景观、民俗文化、儿童与少年、集会和庆典。这些主题共同构成了一个多层网络结构,向受众表述着影像中需要传达出的国家性表征体,在跨文化传播唯美的视觉感受中或打破受众对申奥国固有的国家偏见,或强化受众对申奥国的原有好感。

1. 城市景观

城市建筑是一个城市,乃至一个国家的名片。特别是在跨文化传播语境中其能指效果异常突出,在视觉表述中不同国别人群习惯将自己所知晓的对方国家建筑体和景观作为指代物当作城市的表征。埃菲尔铁塔能指巴黎,自由女神像能指纽约,红场能指莫斯科……这些能指物都是由媒介赋予给各国的视觉表征符号,但当这种指代关系作为国家身份认同上的常态时,这种表述方式在申奥片的叙事中也是最能达到国家形象传播的效果。在他国民众看来,这些景观是对应国家的代表性场所，这一空间就应是本国普通民众的公共生活地点，但实际上这与现实中真实的空间场景有着很大出入。埃菲尔铁塔是庆祝法国大革命100周年的纪念建筑，现在更多的是作为国际旅客的旅游观光点。而在电影、电视剧中，他国受众已习惯于凡表现法国的故事场景都发生在埃菲尔铁塔的空间区域中。这里埃菲尔铁塔就是一种视觉语言，观众不用借助对话或字幕就可以理解故事所发生的空间背景。

媒体对于城市景观的"仿像"在为我们建构了世界的同时，又消解着我们的世界。人们不可能对所有城市景观一一亲历，以求得对影像力量的抵抗。因此城市景观具有真实空间和媒介空间双重属性，而且真实空间更多的是经由媒介空间呈现出来。城市景观被媒介当作是反映社会和文化变迁的载体，当作是塑造国家形象的最佳主题。

在申奥片的影像中各国导演们都不约而同地运用了城市景观（这里是媒介空间的概念）来表述国家和民族形象。纽约2012年申奥片以时间为主轴描绘了不夜城纽约的24小时热闹、繁忙的都市景象。影片按时间划分为8个段落，分别以8个城市场景对应，分别是纽约城、中央公园、第五大街、林肯艺术中心、扬击体育场、时代广场、夜总会、自由女神像。影片开篇便以清晨中的纽约城为开端，将整个纽约城市景观用快速的镜头切换向受众作了视觉陈述。第一段落共17个镜头，几乎所有的镜头都是对城市景观的表述。首先影片以长镜头的手法带我们领略了布鲁克林大桥、皇后大桥、纽约圣帕特里克大教堂、华尔街的景象，又对曼哈顿以近景和远景的视觉审视。这组镜头就像作文的开篇，将纽约的城市背景给予了宏观表述，展现了纽约以至美国的视觉形象。其次，从镜头8直至镜头13是一组表意的镜头组。表面上看镜头

图3-5　纽约申奥片中繁华街道上的店面招牌

是从宏观景观转向了城市中的微观景观，但实际上是短片借助景观镜头喻示美国的多元文化。第8个镜头聚焦于繁华街道上的店面招牌，画面正中间是中文字“家”，这大概是店面竖排招牌的“某某酒家”的最末一个字，但经过镜头巧妙地框选与构图，将中国人理念中的“自古天下是一家”的概念凸显出来，（见图3-5）并且2008年的奥运会主办国是中国，纽约在这次申办2012年的申奥片中加入了中国概念，这似乎展现出了美国对自己能够最终获得奥运主办权的一种信心的表现。第9个镜头拍摄的是城市立交桥下行驶中的一辆略显破旧的厢式货车。这是最自然不过的美国街头景象，似乎毫无意指。但我们同时注意到在厢式货车的背后绘满了涂鸦。（见图3-6）涂鸦（Graffitist）形成于上世纪70年代初的纽约，是一种结合了“嘻哈（HipHop）”文化的涂写艺术。在那个时代涂鸦带有强烈的反传统、反社会的精神。但现在涂鸦正逐渐成为一种艺术形式，并开始走向商业化。旅美画家陈幼白说：“没有涂鸦，就不是纽约了。”镜头中的涂鸦并不精美，只是最为常见的“气泡字母”涂鸦，这里导演有意识得将纽约城中最具平民性的大众文化形态展现给受众，运用这一微观的城市景观将整部影片视角放低，并不是仅以俯视的镜头对纽约概念化掠影，而是体现出纽约申奥片的平视性的人文关照。第10个镜头展现的是纽约的金融中心华尔街。这个镜头的跳转场景从大众阶层跃升到了精英阶层的汇聚之地。华尔街是整个世界的金融中心，是整个国家乃至世界财富的体现，镜头中华尔街笼罩在了一片烟雾之中，这似乎是导演刻意描绘的“雾里看花”般得蒙胧意境。紧接着，镜头穿插了纽约圣帕特里克大教堂、古根海姆博物馆、报亭这些人文类的景观，跳跃性地展示了建筑景观背后的美式文化。最后4个镜头是对纽约的交通枢纽场景的描绘：港口、火车站和地铁，通过叠加上去的人潮显现出纽约交通枢纽的繁忙景象。

图3-6　纽约申奥片中厢式货车背后绘满了涂鸦

纽约申奥片第1组影像分镜头表

序号	分镜头时长	时间	地点	镜头详情
1	0'01—0'03	上午6:59-12:27	纽约城	远眺曼哈顿全景 字幕“New York City 6:59AM”
2	0'04—0'06			远眺布鲁克林大桥
3	0'07			曼哈顿近景，克莱斯勒大厦特写
4	0'08—0'09			皇后大桥
5	0'10—0'11			纽约码头
6	0'12			曼哈顿远景
7	0'13—0'14			布鲁克林大桥近景
8	0'15			门店招牌
9	0'16			行驶在街上的厢式货车
10	0'17—0'18			华尔街与威廉姆街路口
11	0'19			纽约圣帕特里克大教堂(St. Patrick church)
12	0'20			古根海姆博物馆
13	0'21			纽约街头的报纸摊
14	0'22—0'23			即将进港的轮船
15	0'24—0'25			港口上拥挤的人群
16	0'26			纽约中央车站(Grand central station)
17	0'27			站台上运行的地铁

当我们在为没见到纽约的表征建筑——自由女神像而略显诧异时，在影片的结尾处，自由女神像却出人意料地出现了。对于深受美国文化产品洗礼的电影爱好者来说，看惯了美国哥伦比亚电影公司出品影片前的那个高举火炬的自由女神形象。习惯中自由女神的形象总应在影片开场出现，但纽约申奥片导演并没有将她放在申奥片表现城市景观的第一部分，并且没有拍摄受众所熟知的自由女神正面形象，而是手擎火炬背对观众，面迎曼哈顿。(见图3-7)此时，画面中出现了“让梦想开始”的字幕，让观众一下陷入到了申奥片的申办理念的情景中去，使受众产生了“梦想即将开始”般地共鸣。

图3-7 纽约申奥片结尾处出现的自由女神像

2. 民俗文化

民俗文化是依附本国民众的生活、习惯、情感与信仰而产生的文化。民俗文化是人民群众在社会生活中世代传承、沿习而成的生活模式，它是一个社会群体在语言、行为和心理上的集体习惯。民俗文化增强了国家与民族的认同，强化了民族精神，塑造了民族品格。在全球化不断推进的社会中，跨文化传播日趋密切，世界上各民族文化间的关系变得前所未有的复杂，全球化正是文化侵入与接替过程中的一种推动力。跨文化传播并不是要均质各国的民俗文化，相反唯有保持各民族的文化多样性才能塑造和传播国家和民族的独特个性，建立各民族文化间和谐共处的关系。联合国教科文组织于2001年11月2日通过了《世界文化多样性宣言》，确认“文化多样性是人类的一项基本特征”，“是人类的共同遗产”，“文化多样性创造了一个多彩的世界”等一系列有关人类文化的基本概念，强调各国应“采取它认为合适的措施”来保护自己的文化遗产。该组织又于2005年10月颁布了《保护文化内容和艺术表现形式多样性国际公约》，可见国际社会对维护民俗文化与保护文化多样性的重视程度。

在申奥片中，许多导演都习惯利用城市景观来塑造国家形象，运用民俗艺术凸显国家与民族文化。利用本国独特的文化形式带给受众新鲜感，这将有利于提升国家形象的传播效果。

马德里2012年申奥片中贯穿全片的西班牙风格的“弗拉门戈”艺术令人过目难忘。（见图3-8）曼妙的舞姿，动人的吉他声，加上韵律的舞步踢踏声，一股热辣的南欧风情迎面扑来，让人激情澎湃，受众不禁会跟随影片节拍而跃跃欲试。弗拉门戈是西班牙的一种综合性艺术，它融舞蹈、歌唱、器乐于一体，流行于整个西班牙地区，并成为西班牙代表性艺术之一。在整个表演过程中，演员和观众都在追求一种“杜恩德”——即心灵的相通，并把它作为弗拉门戈艺术的最高境界。弗拉门戈舞蹈非常注重脚部的动作，在申奥片中反复出现了男演员脚部动作的特写镜头，在整部片中出现的19个弗拉门戈镜头中，就有4个镜头是对脚部动作的特写。用脚跟敲击地板时发出的节奏声十分清脆，构成了前半部申奥片的主旋律。女演员则把头发向后梳成光滑的发髻，穿艳丽的服装、紧身胸衣和多层饰边的裙子，舞姿奔放、热情、舒展而优美。

图3-8　马德里申奥片中“弗拉门戈”镜头

中国悠久的历史孕育了众多的民俗文化，在其2008年申奥片中民俗文化的镜头有很多出彩之处。在影片刚开始的“戏”单元便是中国民粹——京剧艺术的惊艳亮相。受制于申奥片的紧凑性的表现形式，涉及京剧的环节只有扮相没有唱腔，但仅仅是以旦角为主的“视觉京剧”也为中国形象添分不少。勾脸、兰花指、密集小鼓开场后的京剧旦角轮番华丽出场，在以中国古代女子问候仪式道了一个万福后，北京紫禁城的两扇具有历史沉重感的大门嘎然敞开，申奥片似乎真正拉开了序幕。在自由飞翔的和平鸽的舞动下，将北京置换为一个高楼大厦耸立，立交桥盘绕交错，年轻、热情具活力的现代空间内。北京紫禁城庄重沉稳，在古代中国代表着帝王的权威，一直以来隔绝着皇家与平民、中国与世界的交流和沟通，起到了严密的封闭作用。在申奥片中被重新开启的城门展现出它向世界敞开，中国为世界敞开的开放姿态。此外，中国民间体育运动也是北京2008申奥片中主要展现的民俗文化：风筝、空竹、太极拳、毽子、舞龙……在儿童、少年、老人们的舞动下，将中华民族传统运动发挥得淋漓尽致。民俗性的体育运动将一个历史想象和现实想象中的古老中国形象呈现在世人面前。另外为了体现全球化时代下的“新北京、新奥运”形象，影片中又对比、穿插了大量泊入中国的，属于世界性的体育活动：街头篮球、滑板、曲棍球、棒球等。于是，民族性与全球性共同编织在了一种想象的全球化代码和本地化代码的混合体中，一种超越性的、新的“民族性”追求开始变成了申奥片主导的风格。

3. 儿童与少年

儿童与少年可以展现出一个国家与民族未来的希望。梁启超洋洋洒洒千余言的《少年中国说》激励了一个多世纪以来中国人的雄心壮志，“少年智则国智，少年富则国富，少年强则国强，少年独立则国独立，少年自由则国自由，少年进步则国进步”。作为国家未来的表征体，儿童和少年成为申奥片中表现国家与民族蓬勃发展的常态符号。

巴黎2012年申奥片是一部充满激情，具有强烈民族风格的短片。全片根据节奏可分为两个部分，前一部分是表述了法国民众为了迎接奥运，各行各业争相为奥运献礼，最后他们汇聚于香榭丽舍大街上为奥运而狂欢。第二部分的风格为之一转，由热烈的狂欢变为安静的奥运愿景陈述，孩子是这个段落的主角。用同一场景的黑夜与白天的时间置换作为两个段落的“跨界时间”。在第二部分的构图中埃菲尔铁塔始终被放置在镜头正中间的位置，仅靠对镜深的控制对人物、场景进行或远或近的视觉关照。这样的背景构图一般在申奥片中较为少见，按照电影美学的构图原理，一般习惯将主体物放置在黄金分割点上，这样可以使主体物形象最为凸显。左右对称的构图容易产生视觉上的压抑感，使欣赏者产生不适的心理感受。导演在大胆尝试对称构图的同时缩减了建筑的比例，加大了建筑物的透视关系，使画面视平线上的消失点集中在了埃菲尔铁塔——这个象征法国形象的主体物上。使受众在欣赏影片的同时便能不自觉地将观赏视点落在这一主体物上，这也正是导演希望达到的目的。

第二段落首先定格在埃菲尔铁塔广场，构图两边是后期制作上去的左右对称的法国古典主义风格建筑。从铁塔底部，镜头水平线的中间位置走近一位金发碧眼的法国女孩。她迈过绘有精美奥运五环地砖的广场，走到镜头前。身穿印有巴黎申奥标志T恤衫的小女孩用稚嫩的声音诉说着她的奥运梦想："今天我有一个梦想，有一天奥运会能重返巴黎，那一天就是我梦想实现的日子"。导演将普通法国人的申奥愿望通过孩子质朴的话语表述出来，感受到的是她所流露出来的对奥运最纯真的感情。随后女孩与众人一道，带着美丽的梦想簇拥到埃菲尔铁塔脚下，并载歌载舞庆祝这个日子的早日到来。（见图3-9）

图3-9　法国申奥片中有关女孩梦想镜头组

对于法国来说，奥运就是一个让全法兰西民族振奋和快乐的日子。用孩子的形象作为国家的表征以对世界进行"召唤"，纯真的孩童容易让受众产生信任心理，情感上更容易接受来自孩子们的话语"召唤"。因此在奥运场景中导演习惯用孩子来展现本民族对世界的心声。在悉尼奥运会的"中国8分钟"的演出末尾，也是一个中国小女孩作为对中国印象的归整和中国人的指征，对世界发出了"欢迎来北京"的邀请。同时，也意指出奥运的未来是属于孩子们的。

北京2008年申奥片对于儿童与少年形象的运用非常多，通过运动中的孩子，灿烂微笑着的孩子，挥舞双手打招呼的孩子的形象寓意新时代的中国犹如在国际舞台上冉冉升起的新星，有着无限的潜力和希望。（见图3－10）

图3－10　北京申奥片中儿童与少年形象镜头

马德里2012年申奥宣传片中同样大量启用了儿童和少年形象来展示西班牙的魅力。西班牙在15、16世纪时也曾是辉煌一时的帝国，但如今虽仍处于欧洲共同体中，但在世人眼中却难免有今不如昔、迟暮之年的印象。影片正是要以儿童和少年形象来打破跨文化语境中的这一国家刻板印象。将年轻、朝气、活力的西班牙精神传递给世界民众。（见图3-11）

图3-11 马德里申奥片中儿童与少年形象镜头

4. 集会和庆典

奥运会对于媒介来说是一个媒介事件，但对于体育爱好者来说则是一个狂欢节日。电视直播为不能出席比赛现场的人们提供了在同一时间分享到体育赛事的可能性，这极大地提高了大众的欣赏乐趣。这也是奥运会越来越受世人关注和欢迎的重要原因。

香榭丽舍大道是法国最具景观效应和人文内涵的大道，法国人毫不谦虚地称它为“世界上最美丽的散步大道”。它位于协和广场和凯旋门之间。每年法国国庆纪念日庆典都是在这条大道上举行。它的知名度不仅在于它是一个完美的市政工程，还因它历史的文化积淀，和国家、民族命运相联的紧密度。很多法国重大历史事件都在香榭丽舍大道发生，协和广场上的方尖碑，星形广场上的凯旋门，留下了太多征服与被征服的历史；香榭丽舍一侧的大宫和小宫承载了万国博览会时期法国的辉煌；与香榭丽舍一街之隔的爱丽舍宫，记载着权力的兴衰交替。熟知法国文化的著名导演吕克·贝松将仪式性的欢庆空间理所当然地放置于香榭丽舍大道，

图3-12 巴黎申奥片中庆典镜头

因为他知道唯有在香榭丽舍上的庆典才真正充满了法国味道。

法国人在他国民众心目中的印象是优雅而闲散的，其生活状态是："如果不在咖啡馆，那就一定是在去咖啡馆的路上"。但通过法国申奥片我们看到了法国人激情四射的一面，这一点也是短片希望重塑的法国印象。身着申奥标志的服装，挥舞申奥旗帜的狂欢队伍中的年轻人跟在色彩鲜艳的杂耍艺人、杂技艺人和踩高跷艺人的后面，合着轻快的音乐节奏尽情扭动身躯，体现出了巴黎"倾情奥运"的奥运会申办理念。（见图3-12）

在马德里申奥片中也出现了相似的申奥庆典镜头。（见图3-13）狂欢的人群手牵特制的由申奥标志组成的巨幅旗帜沿街道一路前行，相对于法国式的狂欢，西班牙民众稍有秩序，但这也不能阻挡他们巨大的奥运热情，望不到头的旗帜被人群高高举起。被普通民众托起的不仅是物理意义上的旗帜，更是一种引以为豪的民族感情，一种对融入世界共同体的渴望。

图3-13 马德里申奥片中庆典镜头

申奥片导演对大众庆典的突出强调，证明了他们想在表征中起到某种作用的一种愿望：他们想把本国民众对申奥的热情表现为团结一致的。但是，在现实中高度集中的全民意志很难达到。据国际奥委会在争夺2012年奥运主办权投票前的一项调查结果显示，马德里市民的支持率为91%，法国巴黎为85%，俄罗斯莫斯科为77%，英国伦敦为68%，美国纽约最低只有59%。[1]申奥片由国家政府部门委托拍摄制作，它只能代表着国家政府与大部分民众的申办态度。因此，申奥片是用大众庆典的仪式性欢庆来遮蔽现实的反对呼声，用过度的狂欢来放大民族的奥运激情。从这个意义上说，申奥片中的大众庆典只是狂欢面具背后的一种虚假仪式，当然这其中不乏真心支持申办的人群，但在镜头前的他们此刻的激情无疑是伪装与虚假的，哪怕只是"表演"自己。

[1] 《调查显示马德里申奥民众支持率最高》，东方网，2005年3月3日。

第四章　申奥片中的“文化混杂”

申奥片中的“文化混杂”现象是各国文化差异的现实影像再现。文化差异的形成来自西方文化对东方文化的冲击，后殖民、移民文化对于西方现代性观念的影响，其背后的历史动因是消费社会和工业社会的置换，文化与政治的分离，后殖民移居的历史等。申奥国的文化差异，使各国申奥片的视觉影像呈现出了“传统与现代”、“国家话语与民间话语”、“大众文化与精英文化”、“殖民与后殖民”的“文化混杂”现象。

第一节　传统与现代

传统与现代是属于时间观念上的一组对应概念。两者互为参照，没有传统就没有现代，没有现代的概念也就没有所谓的传统，因此两者间并没有明确的时间上的划分点。我们因此可以这样说，文化在其传承过程中有两个维度。作为文化活动的结果的这一部分，是传统；作为对传统文化进行修正、补充、更新的另一部分，是现代。它们作为文化的一体两面，是共时态地居于社会当下的生存活动的方方面面。换句话说，传统与现代共同构成了人的生存活动的本身。[1]

[1] 邹广文：《文化前行在传统与现代之间》，载《求是学刊》，2007年第6期。

20世纪是全球化急剧扩张的世纪，是资本的逻辑在全球展开的世纪。文化之间的交流使得文化在传统和现代的张力中不断前行，这一过程不是否定传统的过程，而是基于传统，又在创新中走向现代，因此现代中必然包含着传统的大部分特质。在吉登斯看来，所谓的现代起始于17世纪，后现代则起始于20世纪50、60年代。根据吉登斯在《现代性的后果》中的论述，所谓现代的概念，是在西方社会中形成的，多指资本主义早中期这样一个阶段，而其特征也就是所谓的"现代性"。[1]法国社会学家涂尔干进一步指出"现代"指的是"工业社会"。在西方语境中，传统和现代概念的转换是依据于其国家文化变迁的进度而言的，吉登斯对于传统和现代的划分也仅适用于西方国家。而涂尔干对于现代与"工业社会"的观念则可以帮助我们理解传统与现代在全球化语境中的过渡问题。在20世纪以来的中国文化实践中，"传统与现代"的文化变迁往往是以"中国与西方"的形式表现出来。经济上占优势的西方国家将西方文化通过包装成为商品等形式输送到了东方国家，两种文化在消费社会、商品经济与政治因素的空间内相遇，东西文化间的沟通使本该是文化主体之间的"对话"式的主动性行为演变为一种冲击与对撞。加之中西文化发展历史的落差又使得双方文化的沟通很难在一种平等的层面上展开，造成现实中后殖民的文化图景。但另一个方面中西文化的交流促进了世界相互了解的机会，也促进了全球一体化的文化融合的进程。在东西文化之间虽存有语言、信仰、价值观念等差异，然而这种冲突和差异，只有在不断的交往之中才能了解，才有可能寻求逐渐消除的解决途径。在视觉转向下的全球文化体系中，跨文化传播的大众媒介迫切需要全球性的文化融合，这样文化产品内容才能最大限度地向全世界推广，最大程度赚取经济利益。

[1] 吉登斯：《现代性的后果》，田禾译，译林出版社，2000年版。

西班牙人热情奔放，热衷跳"弗拉门戈"舞，以喜爱斗牛闻名于世。在马德里2012年申奥片中就以奔放的"弗拉门戈"舞蹈作为影片的串接镜头，并配合着节奏感强烈的"弗拉门戈"音乐，传达出了西班牙人的热情。申奥片是向国际奥委会评委视觉化地展现城市申办能力和传达奥运精神的视觉影像片，片中展现的是现代城市中的民众精神状况。马德里宣传片中，富有朝气的马德里年轻人、儿童是拍摄的重点，他们身穿或白或红的马德里申办标志的T恤衫，以灿烂的微笑、友好的挥手，热情地邀请评委们能将2012年奥运会的主办权交给马德里。在5分钟的影片中有一个镜头拍摄的非常有趣，将西班牙传统文化中的人物——堂吉诃德巧妙地结合进来，通过现代与传统、真实与虚拟之间的视觉对比，将西班牙的传统文化很好地融入进了充满现代感的马德里申奥片中。

说起全球最为知名的西班牙人，毫无疑问是西班牙作家塞万提斯笔下的堂吉诃德了。《堂吉诃德》小说已问世400余年，它为现代小说开启了先河，是世界文学史上的第一本畅销书，也是除《圣经》之外译本种类最多的作品。堂吉诃德是一个非常复杂而矛盾的人物。他的显著特点是脱离实际，耽于幻想。他满脑子都是骑士小说里描写的那套古怪的东西，到处都有魔法、巨人和妖怪。同时他又是一个理想主义者。他所向往的理想和他所奉行的原则并不全是骑士制度的产物，其中也包含着人文主义的内容。如他憎恨奴役压迫，特别看重自由，把锄奸救苦、除暴安良看作自己的天职。他酷爱自由和公正，敢于为主持正义而忘我斗争。堂吉诃德形象的巨大概括力，使他成为世界文学中不朽的典型形象之一。

为了还原最为真实的堂吉诃德形象，申奥片以贡苏格拉小镇(Consuegra)为拍摄背景。贡苏格拉小镇距马德里2小时的车程，因现存的堂吉诃德式的白色风车而闻名。申奥片镜头中并没有正面出现堂吉诃德形象，而是以剪影的方式将人物形象和故事场景拼贴在了一起。(见图4-1)

镜头采用正面光源，堂吉诃德和马匹的"身影"都侧着身体由右至左经过镜头，但是为了将人物形象表达的更加鲜明，导演并没有按照透视的原则来处理这一影像。影子本该是完全投射到地面上形成的，但是画面中的堂吉诃德"影子"只是用叠加的方式直接合成在原有的景像上。这一方面是在有限的时间内将人物形象鲜明化，另一个方面则是表示堂吉诃德形象虽深入人心，但原本就是一个虚拟人物。剪影中的堂吉诃德形象完全按照小说中对堂吉诃德的描写模拟出。枯瘦的身体、头扣水盆，披

图4-1 马德里申奥片中的堂吉诃德和西班牙贡苏格拉小镇(Consuegra)镜头

挂佩剑，手拿长矛，驱使着他那匹干瘪的老马缓缓前行，只几祯剪影形象就将这一人物勾勒得活灵活现。在小说中，堂吉诃德将村妇想象成公主，将客栈当作宫殿，将风车作为妖魔。他深怀信念和冒险精神，在现实的大地上驰骋梦想。为了加强镜头的可识别性，马德里申奥片还运用了众多的符号来予以暗示。"将风车作为妖魔"章节是小说中最为知名的故事情节，在中国的高中语文课本里就曾经选用了堂吉诃德大战风车的阅读文章。申奥片中便将风车作为镜头的背景予以展现，此外，还将绘有故事插画的《堂吉诃德》小说陈列在镜头左前方，呼应着由右至左渐近的堂吉诃德形象。在交代了人物的同时也表征出西班牙传统文化的精粹所在。

埃里克森把"文化传统"视为"传统文化"，他认为传统文化是指一个文化群体在历史上通过思想、意识、价值观念、习俗及制度等的形式保存下来的文化。他在《俗民生活研究》中说："在所有的社会阶层中都有可能发现相当分量的、往往是传袭下来的，并且至少是个别地同化及消化了的文化，就是传统文化。事实上，俗民文化就是活生生的传统文化。"[1]马德里申奥片并没有舍弃传统文化，而是将传统文化中的特质融入了影片中，与现代符号一起共同营造属于西班牙的现代城市景观。马德里市内现代化的高楼大厦与风格迥异的古建筑摩肩并立、相映生辉。在市中心西班牙广场，一侧耸立着充满历史感的阿尔卡拉门、塞万提斯纪念碑，另一侧则是"马德里塔"之称的西班牙摩天大厦。现代建筑与传统建筑共同构成了马德里的城市景观。

城市空间和文化想象的改变，成为西班牙城市变化的一个象征。"现代性疆域的或然性就在民族-空间的这些矛盾的短暂性中展示了出来。文化和社群的语言是放在当下的裂缝上的，因而成了一个民族过去的修辞手段。专注于民族事件和起源的历史学家们从来就不会问这样一个尴尬的问题：在这样一个民族的双重时代，社会表征已经变得支离破碎，而那些拥有民族的'现代'整体性的政治理论家们也……从来不会提出这个问题的"[2]。面对建于18世纪中叶的西班牙王宫、阿尔卡拉门，或是西班牙国王接见外国贵宾和使节的东方宫，历史中民族国家的"国都"的想象已逐渐淡去，取代它的是在新的全球化和市场化的影响下对马德里"全球都市"的想象。（见图4-2）毕尔包博物馆、瓦伦西亚科学宫

[1] 陈国强、石奕龙：《简明文化人类学词典》，浙江人民出版社，1990年版，第195页。

[2] Homi bhabha, nation and narration, London: routledge, 1990, p.294.

图4-2 马德里申奥片中的西班牙王宫、阿尔卡拉门(ALCALA)

图4-3 马德里申奥片中的后现代风格建筑：毕尔包博物馆、瓦伦西亚科学宫

等后现代风格建筑已经成为一种新西班牙的象征，一种新的西班牙的代码。(见图4-3)建筑材料的新颖，造型的奇异被人们热烈地颂扬，建筑本身是一个将城市发展现实的疯狂和想象的疯狂混杂起来的不可思议之物。在新一轮的城市建设中，人们对于西班牙的意识和想象已从西班牙王宫置换成了“毕尔包”。后现代建筑出现在新世纪之初，表明西班牙的全球化和市场化的进程进入了一个新的关键性阶段。这些后现代风格的建筑显然是西班牙具有象征性的建筑，其国家的象征性是毋庸置疑的，但它们却前所未有地显示了一种国家象征所无法概括的新的东西，已经是一种不同于现代性的“国族”想象中的新的表征。

图4-4　马德里申奥片中身穿申奥标志T恤衫的民众

在马德里申奥片中服装是影片的一个重要的视觉系统。纵观全片的服装被分为两类，一类是印有申奥标志的白色或红色的T恤衫，另一类是西班牙传统服饰，包括流行于南部安达鲁西亚地区的传统服饰和弗拉门戈舞蹈服饰。申奥片中导演统一给几乎所有的演员穿上了印有申奥标志的白色或红色的T恤衫（见图4-4），这组由申奥标志中提取的色彩相互映衬，概括出了热情奔放的西班牙人的激情，更表征出了马德里民众对申奥的高度支持。

热情的西班牙女郎还身穿红色申奥T恤衫，配上传统的袭地长裙跳起了欢快的西班牙舞蹈。（见图4-5）

西班牙的服装业销售业绩在欧洲仅列第5，但近年来发展迅速，Inditex公司及其品牌Zara、Pull&Bear，Punto Fa公司的Mango，Cortefiel公司及其品牌Springfield等服饰因价廉物美而迅速拓展了海外市场，如今马德里每年都会举办国际性的服装节和展示会。申奥片中

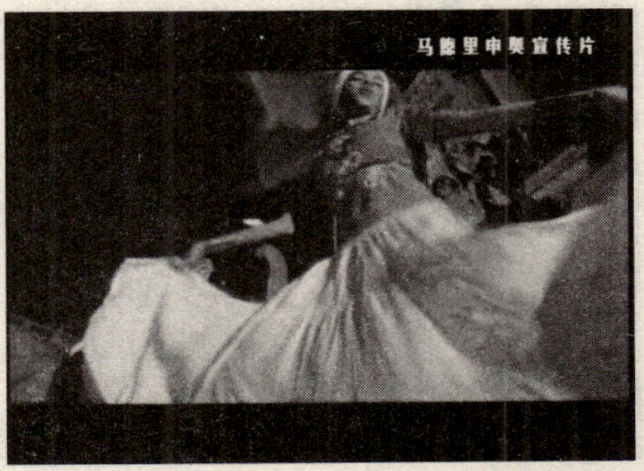

图4-5　马德里申奥片中穿申奥T恤衫跳舞的西班牙女郎

展示西班牙时装的镜头里，申奥T恤作为流行时装登上了T型台。真人模特或是展示用模特都一律穿上了申奥T恤衫，在这里奥运就是现代性的表现。（见图4-6）

影片中除了申奥T恤外，出现最多的就是传统的西班牙服装了。一如西班牙人的热情开朗，西班牙传统服饰有着丰富且对比强烈的色彩。较为人们熟知的是西班牙南部安达鲁西亚地区的传统服装，有着大波浪裙摆及袖口。妙龄的西班牙女郎身穿白色和绿色的紧身服饰，满是褶皱的多层袖口，鱼尾的大波浪裙摆，再配上亮眼的红色和黄色的流苏围巾，将西班牙的民俗艺术通过服饰展现了出来。（见图4-7）

图4-6　马德里申奥片中T型台上身穿申奥标志T恤衫的模特

图4-7　马德里申奥片中身穿西班牙传统服装的女郎

图4-8　马德里普拉多美术馆（PRADO）

在现代与传统的对话中，影片将身着申奥标志T恤的现代服饰的孩子置身于古老的普拉多美术馆，这个称得上世界第一绘画馆的新古典风格建筑空间内，让现代性的符号与传统的空间进行着对碰，馆内绘满了代表西班牙皇权色彩的壁画，壁画走廊以构图中心点透视的位置被拍摄，使步入壁画廊的两个小男孩仿佛正置身于时间的历史隧道中，背向镜头向连廊深处走去。所不同的是，孩子白色T恤的背后印有的红色马德里申奥标志在提示着我们，这是在新西班牙地域中的造访。空间与人物的对比组合仿佛使时间得以延续，虽还是一样的壁画，一样的建筑，但这一空间已告别了"传统性"的皇权历史，已属于新西班牙"现代性"的旅游景点。在这一空间中人们在满是现代与传统的符号表征体中穿梭。镜头中，两个男孩正用手指点着连廊右侧的一座地球仪，仿佛想指认出西班牙在整个地球中的位置，在奥运会这个全球化一体的叙事框架下，马德里俨然成为"全球中心"的表征。在代表着西班牙传统历史的建筑中，它们前所未有地显示出了一种国家与皇权象征所无法概括的，引发民族振奋的新精神——开始建立一种新的全球性想象。（见图4-8）

当我们站在第三世界立场质疑西方后殖民主义霸权时，属于西方弱势经济地位的西班牙也遭遇着类似的尴尬，虽加入了欧盟组织，但经济上的同盟并不意味着文化上的一体，西班牙也有着傲人的历史和文化，在尊重、共享、借鉴全球现代文明成果中，仍应将本民族的传统文化守护住，并发扬光大。将传统置于现代语境中予以保护，不断保持它的活力，与时代相适应。既不断地更新和发展，又不失去自身传统的特色，才是有生命力的、根深叶茂的民族传统文化。民族文化需要在与外部环境、外来文化的不断撞击中得到锤炼和发展。但也要通过在世界文化体系中的交流、碰撞，才能显示出其勃勃生机的面貌，成为超越时空的世界文化精神中具有独特魅力的部分。传统与现代实质上是现代性过程的两种面相，现代正是由于不断与传统的对比，显示出自己是现代；传统构成了现代开拓和成长的因素，构成了现代的资源。正是因为传统的更新与现代的拓展而使现代性能够不断获得新的动力。[1]

[1] 郑杭生：《现代性过程中的传统和现代》，载《学术研究》，2007年第11期。

为了更好地展示中国人热爱体育运动的精神风貌，北京2008年申奥片中用大量的视觉影像表述了普通北京民众在公共空间中锻炼健身的情景。除了大众能参与的奥运会项目：篮球、游泳、棒球、跑步、自行车赛之外，北京申奥片还将中国民间体育运动大量的运用到影像中去，差异化的创造出中国丰厚悠久的体育文化。空竹、毽子、风筝、风车、舞龙，这些独属中国的民间体育项目使人们在强身健体的同时，也为北京老百姓带来了巨大的生活情趣。为了使这些民间体育运动的视觉语言表述丰富，不至于单调，在镜头的处理上也特别强调现代和传统元素的结合。空竹和舞龙一个是个体项目，一个是群体项目，但这两个民间运动的场景都被置于现代性的建筑物前予以展现。抖动空竹需要上抛下接，很容易将空竹滚落在地上，高楼大厦前一般地域较为狭窄并不是玩空竹的上佳场所，但片中镜头采取了仰视视角拍摄，选取了空竹被抛起的瞬间，高高掷于高楼间的空隙处，表征出中国民族传统文化在现代性的场域中仍游刃有余。（见图4-9）

图4-9　北京申奥片中的传统体育运动的镜头

北京申奥片中还大量出现了天安门的视觉隐喻。以天安门为中心的古建筑是古典中国的象征,但现代中国将这一古典性的象征"转化"成了现代性的民族国家的自我表征。故宫和天安门都是中国古典建筑的卓越代表,但如今,两者间的象征寓意完全不同。故宫是作为古典中国的象征,是悠久的文化和历史的表征体。而经历过中华人民共和国这一形象洗礼过的天安门原有的古典的意义已被高度地抽象化为新中国"现代性"经典的表征。天安门历史的传承性已经在新中国几十年的历史中转化了,它已经成为新政体的代表,被现代性重新书写了自身。但伴随着中国的全球化、市场化的进程和"中等收入者"历史性的崛起,有关北京空间的文化想象发生了巨大的断裂。在经历了20世纪80年代到90年代的过渡,这个"新世纪"北京的想象是在"国都"之上叠加了一个前所未有的"全球都市"的想象。❶

❶ 张颐武:《"国都"与"全球都市":双重想象的混杂》,载《北京社会科学》,2004年第2期。

申奥片中天安门被置于镜头后方作为暗示性空间提供着受众关于新中国现代性的想象,两个天真无邪的小姑娘手持印有申办标志的风筝伫立在画面的前方,她们等待着全世界的人们带着共同的奥运梦想在"现代性"的北京共同放飞。(见图4-10)这里,天安门所占画面的比重极小,但通过镜头的处理将具有表征含义的天安门放置于画面的黄金分割点处,有意识地凸现出天安门形象。它的历史意义更多的已转换在特定的"现代"情境中具有了丰富的含义。它在这里既是古典中国历史传承"合法性"的现代显现,又是现代中国历史关键的象征性的地标。它正是"民族国家"在"现代性"中的意义的最好展示。并且,传达出了呼吁和平的奥运精神。

图4-10 北京申奥片中涉及天安门的镜头

第二节　国家话语与民间话语

申奥片的拍摄是一种国家行为，其话语体系自然也掌握在国家手中，国家作为政治共同体与社会意识共同体，它往往征用民间话语形式来表征其国家意志。首先申奥片是国家形象的宣传片，它带有强烈的宣传目的性，国际奥组委的评委们都是它宣传的对象。其次，它是蕴含生动的影像体验文本。通过申奥片让受众产生审美体验，感受到申办国的历史渊源和纯净的精神体验。最后，它的组织方式是现代的，它不仅通过组织传播的形式直接作用于受众，另一个方面也通过现代大众传媒以及新媒体与受众紧密联系在一起。为了避免成为生硬的国家形象宣传影像，申奥片中征用了大量民间话语，把民间仪式纳入国家事件，成为它的组成部分。在这种情况下，国家提供舞台，或者说，国家就是现场，民间仪式应邀走出民间，参与国家的或附属于国家的活动。[1]巴黎申奥片中申奥狂欢被安排在了法国一年一度举办国庆庆典的香榭丽舍大街上，这一象征国家权力空间场域中进行。对比法国申奥片的庆典活动和法国国庆纪念日的庆典活动影像，会发现申奥片中所展现出来的民间仪式是已被国家征召的一种仪式，不但空间场所、仪式程序有太多相似之处，在微观上的飞机表演、游行庆典、烟火表演等仪式上虽带有各自仪式的表征符号，但仍遮盖不了其隐含的国家话语体系。

[1] 高丙中：《民间的仪式与国家的在场》，《北京大学学报（哲学社会科学版）》，2001年第1期。

1789年法国爆发大革命。7月14日，巴黎民众攻克象征封建专制的巴士底狱。1880年开始法国政府正式把7月14日定为法国国庆日，并从此开始在香榭丽舍大街举行一年一度的法国国庆阅兵式。代表国家权力机构检阅阅兵式的是法国总统和武装部队最高统帅，接受检阅的是法国陆、海、空三军各兵种、宪兵和警察部队、消防部队、各军事院校官兵以及飞机、直升机、军车等战斗装备。作为传统的检阅仪式，首先，由飞机彩带表演拉开检阅仪式的序幕。"阿尔法"式喷气战斗机飞越香榭丽舍大街，喷出象征法国国旗的蓝、白、红三色彩烟。接着，法国空军和海军的预警机、战斗机、巡逻机等在香榭丽舍大街上空轰鸣而过。法国民众和旅游者可以在香榭丽舍大街两侧观看到阅兵式的盛况。在由法新社配发的图片中，我们可以看到，阅兵式上喷气式战斗机喷射彩色烟雾飞越凯旋门的照片被醒目地放在图片新闻之首的位置。（见图4-11）一方面飞机表演是作为整个阅兵式的开场仪式，另一方面则是这幅图片所传达出来的强烈的国家意识形态。凯旋门是欧洲一种纪念战争胜利的建筑。巴黎最为壮观、最为著名的就是这座位于"夏尔·戴高乐广场"中央的巴黎凯旋门，同时也是每年国庆游行队伍的出发点。1805年由拿破仑·波拿巴建造。如今，巴黎凯旋门已成为法国最高权力的象征，每年的7月14日法国国庆节时，法国总统都要从凯旋门通过，每当法国总统卸职的最后一天也要来此，向无名烈士墓献上一束鲜花。因此，作为国家仪式的开场，9架喷气战斗机排出整齐的飞行姿态，每3架飞机喷射出一种色彩的烟雾，分别组成红、白、蓝法国的国旗色，从巴黎凯旋门上空飞越而过。在凯旋门下也悬挂有巨大的法国国旗，与彩色烟雾一起构筑了国家形象的表征系统。在巴黎申奥片中也有飞机喷彩色烟雾的镜头，在这组镜头中，8架喷气飞机喷射着彩色烟雾从凯旋门上飞越而过的场景与法国纪念日上的景象如出一辙，运用喷气飞机、凯旋门等这些本不属于民间申奥仪式中的表征符号来体现申奥的国家立场。镜头一转，申奥片又借用国家话语符号与奥运概念进行着"嫁接"。在满是庆典人群的香榭丽舍大街的上空，5架战斗机拖着奥运五环色的彩色烟雾凌空翻转，在空中喷射出了蓝、黄、黑、绿、红色的五环奥运标志。（见图4-12）

图4-11　法国国庆日飞机表演图片

图4-12　巴黎申奥片中的飞机表演镜头

在申奥片视觉影像中国家话语与民间话语相互借鉴，民间话语的视觉表述活泼、幽默，国家话语视觉表述凝重、指征性强，两者结合在一起使申奥片在表象上显得叙事感强，情节生动幽默，而其影像中所借用的国家符号又深刻的表征出了国家性的咨唤。

在申奥仪式和国庆阅兵典礼的广场活动中，同样凸显出国家话语与民间话语的交融。申奥狂欢仪式的影像中，凯旋门仍占据着画面中心位置，且在镜头的中心透视点上，镜头首先通过征用国家话语的符号来显示狂欢仪式的合法性。接着，征用香榭丽舍大街这一举行重大国家活动的空间举行着"民间性"的申奥狂欢仪式，狂欢的队伍都由法国百姓构成，身穿印有申奥标志的服装，手拿申奥标志的旗帜，他们跟随着导演的指引，通过镜头展现的是申奥虚拟的仪式。在狂欢队伍中，游行的小丑们身着奥运标志的服装和道具，以增加仪式的符号性认同。镜头中，小丑们身披印有五环图案的披风，穿着五环色的服装，腰上套着五环色的彩圈，胸前还带着奥运奖牌。(见图4-13)通过一系列的奥运元素的堆砌使受众感受主题性狂欢的氛围，目的是让受众沉醉于申奥仪式所营造的现代狂欢氛围，并通过镜头走向关于现代民族国家的"共同想象"的认同。在法国国庆日阅兵式中，国家话语的符号被一一规整，通过图片我们可以看到凯旋门、香榭丽舍大街、国旗等国家指征符号，在游行队伍中狂欢的群众被秩序井然的法国军队所取代，为了维护仪式的秩

图4-13 巴黎申奥片中的申奥狂欢仪式镜头

序，道路两边驻有大量警察维持秩序，警察作为跨界的分界线，隔断了路边民众与路中仪仗队的平面空间，区分出了民间与国家仪式的两种秩序。（见图4-14）这一分界线由国家权力机关控制，在国家性的仪式中是一条不可逾越的界限，这一点区别于民间仪式，民间仪式在空间上是开放的，不存在严格意义上的界限。

图4-14 法国国庆日阅兵式图片

巴黎2012年申奥片以欢庆的节奏向受众展现了法国各行各业的民众是如何群策群力地为本国的申奥活动献礼的，看似是发自民间的嘉年华，但影片自始至终都贯穿了国族想象的符号表征。这个完全被国族想象所“招安”的民间仪式，一旦进入了国家叙事的视野，就成为国家叙事框架中的一个

图4-15　法国国庆日的烟火表演图片

图4-16　巴黎申奥片中的烟火表演镜头

重要组成部分，并且宣告了"国家"在申奥活动中的核心地位。埃菲尔铁塔自建设好，就一直成了巴黎、乃至法国的象征。在法国国庆日的夜晚，埃菲尔铁塔上总要有一场声势浩大的焰火表演。在法国国庆日焰火表演的图片中，耸立在战神广场的埃菲尔铁塔气势雄伟，姹紫嫣红的焰火点亮了夜空，图片采用左右对称构图，选取了周围没有遮挡建筑物的视点，以仰视的角度拍摄铁塔，埃菲尔铁塔在烟花的勾勒下成为一个剪影，高跨度的拱券、雄伟的身姿、繁花似锦的焰火在国庆日点燃表征着国泰民安的国家繁荣景象。（见图4-15）在申奥片中的烟花表演视像中，埃菲尔铁塔被镜头推到了视觉透视的中心点，同样采取左右对称的构图，但两边添加上了对称性的古典式建筑物，这是为了营造空间上的纵深感。埃菲尔铁塔本身是被灯光点燃着的，在夜色中仍能清晰地看出其轮廓，因为距离的关系，远处的铁塔十分秀美。埃菲尔铁塔上燃放的烟花逐渐演变为一组五环形状，埃菲尔铁塔犹如一支蜡烛正点燃着空中燃起的奥运五环标志。（见图4-16）

民间仪式被国家或国家部门及其代表所征用，主要取决于它们潜在的政治意义、经济价值。国家在节日活动、重要庆典中让位于民间仪式表演，最直接的功能在于借助它们制造全民狂欢的热闹场面。申奥片需要这样的影像以作为国家和民众对申奥本身的支持的视觉表征。但是这种热闹场面的政治意义却很丰富。首先,民间仪式固有的象征意义如“喜庆”、“祥和”被凸显出来,可以作为“安定、团结的政治局面”的印证。其次,民间仪式在历史上制造“普天同庆”、“与民同乐”的盛世气氛的功能在今天实际上被用来表达对政府成就的肯定。最后,政府需要民众通过仪式参与国家活动。在当今的国家政治生活中,民众的积极参与是必需的,而实际程度又是不够的。[1]可见,在申奥片中民间狂欢庆典活动所展现出的话语背后,是国家权力机构对于国家符号的话语置换。

[1] 高丙中:《民间的仪式与国家的在场》,《北京大学学报(哲学社会科学版)》,2001年第1期。

第三节 大众文化与精英文化

精英文化与大众文化是两个相互关联又相互对立的概念,精英文化作为知识分子文化的主要表现形态,在现代社会生活中占有着十分突出的地位。精英文化是知识分子阶层中的人文知识分子创造、传播和分享的文化。在社会生活中,精英文化往往“以天下为己任”,承当着社会教化的使命,发挥着价值范导的功能,是“经典”和“正统”的解释者和传播者。[2]以阿多诺为代表的德国法兰克福学派以“mass culture”表述大众文化,对其持批判态度。在他们看来,资本主义条件下大众文化已经成为对社会群体具有强大控制力的“文化工业”,“整个世界都要通过文化工业的过滤”。[3]阿诺德以精英分子的态度批判大众文化,称大众文化是麻痹大众,消磨大众意志,从而使得大众丧失反抗意识,甘心接受压迫。[4]但是他们的评论遭到部分学者们的批判。英国文化理论家雷蒙·威廉斯使用“popular culture”来表述大众文化,在威廉斯看来大众文化是由普通百姓自己创造出来的文化。[5]可以看出,英国文化研究学者们站在不同的立场看待大众文化。约翰·菲斯克也肯定大众文化的积极意义,菲斯克在他的《解读大众文化》一书中认为,大众文化是从内部和底层创

[2] 邹广文:《当代中国大众文化及其生成背景》,载《清华大学学报(哲学社会科学版)》,2001年第2期。

[3] 王一川主编:《大众文化导论》,高等教育出版社,2004年第5期。

[4] 马克斯·霍克海默、西奥多·阿多诺:《启蒙辩证法》,渠敬东、曹卫东译,上海人民出版社,2003年版,第134—180页。

[5] 雷蒙·威廉斯:《关键词:文化与社会的词汇》,刘建基译,生活·读书·新知三联书店,2005年版,第355—356页。

造出来的，而不是像大众文化理论家所以为的那样是从外部和上层强加的。❶

❶ 约翰·菲斯克：《解读大众文化》，杨全强译，南京大学出版社，2004年版，第2页。

在全球一体化浪潮的推动下，大众传媒的兴盛促生了大众文化的崛起，精英文化原有的文化权威地位和发挥的强势社会作用受到了挑战，因而精英文化与大众文化之间的冲突也就在所难免。在后现代文化的语境中，当大众社会和消费主义成为全球一体化进程中的一个重要内容时，高雅文化与大众文化的界线已经模糊，所有的文化都成了大众文化，这不但意味着所有的人都成了大众文化的享用者，而且也意味着我们已经逐渐丧失了厘定、判断大众文化的诸多前提。❷

❷ 赵勇：《大众文化》，载《外国文学》，2005年第3期，第72页。

从受众角度分析，申奥片是属于精英文化和大众文化的混合型产物。申奥片是各国奥申委为争取奥运会主办权而提供的视觉影像资料，直接面对的受众群体是国际奥委会委员。来自全世界各个国家的国际奥委会成员都是以"亨利模式"为基础加入奥委会组织的，国际奥委会像"亨利"划船大赛委员会一样，是"一个自我遴选的团体"，也就是说它的委员由国际奥委会自己选定。委员们是由奥委会挑选产生，而不是选举产生的。其挑选的基础是他们的教育背景、道德和经济独立情况。并且，委员的任期是终身的，不会被更新，也没有选举的压力。他们的职能是作为超国家管理人员，角色是国际奥委会驻各国的"大使"，使命是促进地区体育协会和联合会的发展。因此，可以说申奥片的受众们是来自时代的精英阶层，因此在申奥片的视觉表述中肯定注入了大量的精英文化元素。另一个方面，申奥片也摆脱不了其大众文化立场。申奥片也是需通过大众媒介的形式传播的。在大众传播时代，每届决定奥运会主办权国家的会议均通过现场直播的方式向世界进行全球化的传播，这一事件已演变为每四年一次的媒介事件，申奥片连同申奥国家的形象一起向世界各国的受众进行着视觉传播。面对大众文化侵染下的全球受众，申奥片也必然带有大众文化元素。

在伦敦申奥片中表现伦敦"多彩的艺术和文化"镜头组中，导演大胆地将代表着高雅艺术的芭蕾"舞"上了伦敦街头。4位芭蕾舞演员两两一组跳着优美的芭蕾舞穿过马路上的斑马线，2位女演员迈着碎步迎上男演员，被男演员顺势托举起并旋转着往前行进，被托起的女演员们在空中舒展开四肢，姿态优美。（见图4–17）芭蕾舞作为一门综合性的舞台艺术起源于意大利，17世纪在法国宫廷形成。几百年来一直是属于精英阶层的艺术形式，申奥片中将芭蕾舞作为精英文化的

图4-17　伦敦申奥片中街头芭蕾舞表演镜头

元素表述至影像中，影片中的舞者穿着练功服而不是正式的芭蕾演出服在马路上的斑马线上练习芭蕾，通过服装显示出芭蕾舞者此时舞蹈的非正式性。通过路边停满的汽车可以知道这并不是一条交通要道，4名舞者可能是专业的芭蕾舞演员，也可能是普通的芭蕾爱好者，他们在人们日常的生活场景中随意展示的舞姿，体现出了芭蕾舞演员此时并不是在演出状态，在公众场合随性练习芭蕾舞的动作，体现出了普通伦敦人对高雅艺术欣赏水平的提高。镜头前被镜头虚化的人物是本申奥片主题曲《Proud》的演唱者希瑟斯·莫尔，莫尔作为英国流行音乐的宠儿，也是大众文化的代表人物。镜头中将大众文化与精英文化并置在一起，虽然有意模糊掉了莫尔的人物形象，但其歌声作为镜头中的"同期声"仍显示着她的在场。当舞者们经过马路，镜头景深拉近，出现的是莫尔在街头歌唱的特写镜头，镜头中的莫尔不再是叱咤歌坛的天后，路人随手往莫尔帽中放入的零钱显示出她街头卖唱歌手的身份。镜头构图用由虚变实的"大众文化"近景和"精英文化"的中景"混杂"出当下的英国文化图景。精英式的文化面临大众文化围攻，后现代主义的文化已经从过去那种特定"文化圈层"中扩张出来，进入了人们的日常生活，成了消费品。[1]

[1] 弗雷德里克·詹姆逊：《后现代主义与文化理论》，唐小兵译，陕西师范大学出版社，1986年版，第147—148页。

在伦敦申奥片另一个展现出精英文化和大众文化混杂的是"英国绅士街头练击剑"镜头组。（见图4-18）击剑起源于中世纪的欧洲，14世纪的骑士阶层剑术精湛，博得了广泛的美誉。此后各国贵族纷纷效仿，一时间成为上流社会的流行时

图4-18 伦敦申奥片中街头练击剑镜头组

尚。到19世纪后期，击剑成为一项竞技性体育运动。击剑一向是高雅运动的代表，即使击剑已成为奥运会运动项目，但运动中还保留着中世纪击剑运动中致礼、谢礼等仪式。镜头背景是伦敦CBD街头，在两栋高楼的旁边是一栋充满历史感的哥特式建筑物，此时镜头被文字"锚定"为"世界第四大经济体"。此时，一群身穿黑色西服，头戴黑色礼帽，手拿长柄雨伞的英国绅士们正步履匆匆地往商业中心走去。当两位英国绅士看到女运动员在大楼前奔跑中的飒爽英姿，不禁促发了他们的运动欲望。两个年轻人相互对视一眼，同时挑起脚尖，用手中的雨伞当作击剑，展开了一场街头击剑练习赛。两位绅士不仅西装革履，且一招一式间也尽显绅士风范，手中拿的虽不是真正的击剑，但交手前互击雨伞以示礼貌。此时，镜头以全镜的方式展现了两个年轻绅士洒脱的击剑动作，人物背后的景象和路边行人被全部摄入镜头中。现代性的摩天大楼和历史感的古典建筑在一新一旧之间，通过空间对比出时间上的变迁，以往属于贵族的空间领域已被消费社会中的商业地段所取代，贵族们的体育运动已然演变为大众化的体育项目。如果不是镜头场景的大楼交待了时间，仿佛是发生在中世纪的比赛，路上的行人也一副绅士装扮，但丝毫没有被年轻人的赛事所吸引，以显示这在如今的伦敦街头是再平常不过的体育运动。简单较量后，两青年仍不忘用雨伞互相碰击以致礼道别，又快速融入各自工作的紧张节奏中去。

美国是大众文化的发源地，第一份大众化报纸《纽约太阳报》就诞生在1833年的纽约。"便士报"的销售火爆除了售价低廉外，还因为在新闻内容的选择上一改英国报纸式的严肃态度，受众群体转向大众阶层，以广大平民百姓为主要读者对象，新闻采写尽量迎合大众口味，突出人情味、离奇性。美国流行文化一直影响着全世界大众的阅读习惯，历史上那种精英文化辐射的模式，正在变成迎合大众市场的消费模式。欧洲人说大众文化，那往往是指"美国特有"的"不安分守己"的通俗文化，是从美国传播到世界各地的文化。大众文化从某种意义上说，已成为了美国通俗艺术的意识形态或美国文化的代名词。美国是大众文化的"理想家园"，在全球大众文化中占据最大的市场份额，它向世界预示了老态龙钟的贵族文化的"消亡"。但纽约也是全国精英阶层的乐园，在完善的政治、经济体制和严谨的法律政策下，纽约成了是全球精英阶层的聚集之地。与欧洲贵族阶层被称为精英阶层不同，在满是移民的美国社会，政、商、学、传媒等领域的领袖人物成了社会的精英阶层，一种全新的精英文化秩序，正在重新规划这个世界主流人群的生活方式、行为方式和价值观。虽然美国不存在贵族阶层，但社会中的既得利益者需要属于自己的秩序，在消费社会中金钱逐渐成为晋升精英阶层更有效的工具，"财富阶层"作为社会中精英阶层的新秩序得以延续。审视一下著名的纽约"四百人"俱乐部成员，他们大部分是银行家、交易商、律师、制造商。以商人为主的财富阶层正在成为社会的话语权阶层。当然精英阶层并不一定是精英文化的簇拥者，大众阶层也并不一定只接受大众文化，在美国以财富为导向的精英阶层中有很多就是大众文化产品的制造者。但精英阶级需要精英文化的点缀，甚至是伪装。在美国这个大众文化最为发达的地区，精英文化也在精英阶层和大众阶层的合力下发展兴旺。在古根海姆博物馆、大都会博物馆中，当代的和古代的艺术展览络绎不绝，在百老汇、林肯艺术中心每天上演着古典和现代歌剧以及各种商业演出，同时，纽约也是世界上最大的艺术品收藏市场。

图4-19 纽约申奥片中林肯艺术中心的演出

为了展现纽约精英文化和大众文化的现状，纽约申奥片分别以不同的镜头组来展示精英文化和大众文化在同一个城市中的共存状态。在林肯艺术中心，交响乐演出正在上演，艺术家们全体正装出席，演绎着经典音乐名曲。（见图4-19）而在城市一隅的夜总会，穿着吊带衫，胳膊上有纹身的女青年正背着电吉他在舞台上忘我地演奏。（见图4-20）精英文化和大众文化都在各自的文化实践中寻找和确立自己发展的方向，两者之间的矛盾实际上是一种相互渗透与改造的矛盾，两者之间的冲突实质上是

图4-20 纽约申奥片中夜总会的演出

一种相互矫正与补充的冲突，这种矛盾与冲突的最终结果是相互整合、共同提高，而绝不是相互瓦解、否定和毁灭。[1]它们在时代的碰撞中又彼此互补、兼容。

[1] 邹广文：《当代中国大众文化及其生成背景》，清华大学学报（哲社版），2001年第2期。

第四节 殖民与后殖民

在全球化时代，大众媒体的迅速崛起使任何国家和地区都不可能与世隔绝般地孤立存在，消费社会利用各种商品把全球联系在一起，无法分割。因此在经济往来中，各个国家与民族间的文化也必然会相互渗透、相互影响。"生产方式与日常消费的趋同化反映出不同文化模式和传统的相互接纳。在这种表象的背后，则初步显现出民族文化、地域文化与全球文化之间的双向作用与复杂互动。"[2]17、18世纪率先完成工业革命，代表当时先进生产力的西方国家的殖民入侵开启了东方的现代化进程。从那时起，东方国家便一直在模仿或学习着西方先进国家。尽管不断受到西方文化霸权的欺凌和挤压，但消费社会中诞生的大众文化迫使东方不断地从西方输入文化。中国作为半殖民地国家的历史虽然不长，但长期的闭关锁国政策使中国的生产力远远落后于西方发达国家，上世纪70年代末期以后，随着中国改革开放政策的启动，西方文化蜂拥而入，虽然涌入的有西方文化糟粕和后殖民主义式的压迫，但客观上说中国近30余年来在经济、文化上的巨大进步也得益于中国对西方先进国家的学习。中国对西方的借鉴已使西方符号渗入至中国百姓的日常生活中，这次申奥片中也有所展现。在短短5分钟的北京2008年申奥片中就出现了6个中国青年脚蹬滑轮的镜头。

[2] 蔡拓：《全球主义与国家主义》，载《中国社会科学》，2000年第3期。

北京申奥片中关于滑轮的一组镜头表

	分镜头时长	分镜头内容
毗邻轴	2'12—2'14	男青年在天坛前穿着旱冰鞋向镜头方滑行
	2'14—2'15	男青年特写
	2'15—2'16	古观象台旁边站着一位手提溜冰鞋的青年，面对新北京城
	2'17—2'18	北京现代化摩天大楼航拍
	2'18—2'19	鸟瞰故宫

滑轮在西方影片中随处可见，是典型的西方青少年文化的表征。滑轮是一种竞技性体育运动，体现了勇气、速度与冒险的体育精神，这一风格的运动十分符合西方青少年追求新鲜、刺激的运动心理。在西方城市中，经常可以看到玩滑轮的西方少年的身影，在西方影视片中更被当作是时代的背景和对青少年的精神风貌的展现而被刻画。在北京2008年申奥片中，天坛前一个身穿蓝色T恤衫的男性少年脚踏滑轮，以娴熟的姿势从天坛中心线的位置飞快地向镜头方向滑来。镜头采用左右对称的中心构图法，天坛被全景摄入，显得异常雄伟。天坛是封建社会皇族祭祀的场所，是代表着人与神灵对话的神圣场所。镜头中少年从表征东方权力中心向世界走来，且是借助着代表西方年轻人文化的滑轮"滑"向了世界。少年自信的表情、娴熟的动作显示出中国青年一代对融入世界的自信与乐观情绪。紧接着，镜头平行扫过古观象台的浑天仪，这一发明曾经代表着世界最高的科学水平，是中国古代文化的杰出代表。一个男青年左手拎滑轮，右手拎着头盔站在表征中国古代文明的古代观测仪边，面对着古观象台后繁华的新北京城景观。（见图4-21）虽然镜头并未给出男青年的上半身，无法窥知他的表情，但我们仍能通过平扫的镜头的推移，古老与现代文明的对比感受出时代变迁中新旧文化的撞击，而这里滑轮像是一个连接古今文明的中介体，显示出新中国的高速发展得益于中西方文化的交流。为了加强这样的印象，随后镜头又分别对表征新文明的新

图4-21　北京申奥片中有关滑轮镜头

图4-22 北京申奥片中新北京城的摩天大楼和故宫的视觉对比

北京城的摩天大楼和古代文明的故宫景象进行了视觉上的对比。(见图4-22)这两组镜头作为一个巨大的隐喻折射了百余年来,中国这个古老而又年轻的国度是如何从沉重的历史中迅速而艰难地走向了世界。

雅克·拉康认为,从严格的技术角度说,模仿的效果是隐蔽,它并不是与背景谐调的问题,而是依附着斑杂的背景变成斑杂——就像人类在战争中所运用的伪装技术一样。[1]拉康主要是从精神分析的角度来谈论模仿问题的,霍米·巴巴则进一步将拉康关于模仿(mimicry)的理论运用于文化分析中,认为殖民模仿是一种复杂、含混、矛盾的表征形式,而且模仿自身也在不断地产生延异、差别和超越。一方面,它是一种拒绝、不服从和摒弃的过程;另一方面,它也"挪用"一切有益和有用的东西来改革、调整和规范自身。[2]在北京申奥片和上海申博片中都出现了少女亲吻斑点狗的镜头,(见图4-23)这样的镜头对于中国与西方不同文化背景中的受众来说,有着截然不同的反映,其目的就是在申奥片这一视觉文本的跨文化传播中得到西方国家受众的情感认同。

[1] Jacques Lancan, The Four Fundamental Concepts of Psycho-Analysis, London: Penguin Books, 1979, p. 99.

[2] Homy K. Bhabha, 'Of Mimicry and Man: The Ambivalenceof Colonial Discourse', in The Location of Culture, London: Routledge, 1994, p. 86.

在东方文化当中,狗只是人类看家护院的工具,不存在享有和人一样的权力。在古代东方文明中人也分有严格的等级制度,将雇工称为"狗腿子"、"奴才"来划

图4-23 北京申奥片中少女亲吻斑点狗镜头

分人地位上的不平等。在中国，人与动物间有着天然的鸿沟，因此，面对少女亲吻斑点狗的镜头，中国受众的反应是“好恶心”、“真亲了么？”。而在西方文化中，动物向来是人类最好的朋友，少女亲吻斑点狗是再正常不过的景象，是人与动物间的情感的正常表达方式。虐待动物在西方社会中是不可饶恕的罪行，但在传统中国社会里却不值一提。北京1993年申奥片中在描述北京人的日常生活的片断中出现“遛鸟”的镜头，这对于中国受众来说是再正常不过的景象了，但在西方受众眼中，把鸟囚禁在鸟笼中就是对动物生命和自由的不尊重。当然，如今中国人对于动物的观念也有了很大的改观，特别是在城市中动物已然成了正式的家庭成员，享有着与人一样的待遇。媒介上也呼吁关爱动物。虐待动物的新闻见诸报端也会引来众人的声讨。这里，通过亲吻斑点狗的镜头，导演试图站在西方受众立场模拟着西方社会的“仿像”，通过视觉上的表征来体现中国人对动物与自然的关爱，这对于沟通中西方受众心理，引发共鸣具有非常大的意义。

如果说北京申奥片的“京剧开场”是以纯粹中国化的艺术形式为开端的话，那么在申奥片临尾“艺”片段的系谱轴中，则是用东西方混合的艺术形态来表征当代中国“混杂”艺术形式，反映中国对于自身形象的“国际化”有着迫不及待的渴求，是对所依附的后殖民文化中西方文化符号的挪用。将纯西方的艺术形式嫁接在中国古典元素的空间序列中，紫禁城版的《图兰朵》和雅尼太庙新世纪音乐会就是申奥片所制造出来的“殖民仿像”。艾勒克·博埃默在《殖民与后殖民文学》中把这种模仿表述为：“它好比是一个剥离与依附同时进行的双重过程。也就是说，它体现了‘cleaving’这个词的两种不同的意思：既是‘分裂’——离开殖民界定，越过殖民话语的边界，但同时又是为达到这一目的而采用借鉴、拿来或挪

用殖民权力的意识形态、言语和文本的形式——即所谓'依附'。"❶

❶ 艾勒克·博埃默:《殖民与后殖民文学》,盛宁、韩敏中译,辽宁教育出版社,1998 年版,第120页。

申奥片中选用的《图兰朵》镜头取自1998年由本申奥片导演张艺谋在北京紫禁城执导的实景版的《图兰朵》中的演出片段。《图兰朵》是一部讲述东方公主图兰朵在紫禁城下"招亲"的歌剧。张艺谋把发生在舞台上的中国宫廷故事,搬到了真实的紫禁城中。这剧情式的空间挪移看似合情合理,但现实中这场"中国式的改造"并不成功,观众看到的只是标签化的中国元素,西方受众也不过是用猎奇的眼光审视。而歌剧最为强调的艺术水平却因为失去了歌剧舞台空间而有失水准,失去了原有歌剧的原汁原味。但是,在申奥片中的紫禁城版《图兰朵》所选取的镜头具有强烈的"文化混杂"性。在申奥片选用的歌剧中的一个特写镜头里,演员身后的角楼背景清晰可见,紫禁城的雕梁画栋映衬出了歌剧中最为"真实"的空间场景;正引吭高歌的歌剧演员虽然一幅中式服装装扮但仍难掩西方人种的特质;演员的头饰是按照当时西方人对古代中国的想象装扮的,但显然他们把日本浮世绘中的装扮错认为是中国古代装饰,同样服装上也是加入了西方对东方古典服饰的合理性想象。镜头中西方、中国、东方日本式的元素混杂在一起,建构着西方人眼中的东方景象。(见图4-24)萨义德在阐述西方建构"东方"的形象时这样表述:"欧洲文化正是通过这一学科以政治的、社会学的、军事的、意识形态的、科学的以及想象的方式来处理,甚至创造东方的。……西方和东方之间存在着一种权力关系、支配关系、霸权关系……,我本人相信,将东方学视为欧洲和大西洋诸国在与东方的关系中所处强势地位的符号比将其视为关于东方的真实话语更有价值。东方学不是欧洲对东方的纯粹虚构或奇想,而是一套被人为创造出来的理论和实践体系,蕴含着几个世代

图4-24 北京申奥片中《图兰朵》镜头

沉积下来的物质层面的内涵。成为一种普遍接受的过滤框架，东方即通过此框架进入西方的意识之中，对东方事物富于想象的审察或多或少建立在高高在上的西方意识——这一意识的核心从未遭到过挑战。对东方学来说，最要紧的是超越于物质之上的观念群。"❶

❶ 爱德华·W.萨义德：《东方学》，王宇根译，生活·读书·新知三联书店，2000年版，第4页。

雅尼太庙新世纪音乐会是在特殊的空间和时间上的奇妙音乐之旅。（见图4-25）雅尼是第一位被中国政府批准在紫禁城城内举行演出的西方音乐家，他还先后在希腊卫城、印度泰姬陵举行过个人作品音乐会。雅尼的电子合成器及钢琴演奏的现代音乐是当下社会大众文化的产物，而现代音乐的演出场所多半选择在歌剧院、体育场等地，而雅尼将其现代音乐放在希腊卫城、印度泰姬陵、中国紫禁城这些东西方文明古国的代表性历史建筑空间中演出，有着强烈的视觉表征意义。音乐是一门听觉艺术，无须视觉参与也能使观众产生审美感兴，但雅尼将视觉和听觉元素共同融合到了一起，并且以承载着历史厚重感的古典建筑和充满劲爆感的流行音乐进行感知上的对撞。通过"不和谐"的触碰来营造感官上的冲突，以达到心灵上的震撼。雅尼生于希腊，18岁赴美国求学，经过多年的奋斗已成为当今世界乐坛一位集创作、电子合成器及钢琴演奏于一身的极富号召力的音乐家。混杂的身份使他希望借助于不同文化之间的对接与冲突来创作他的音乐，于是就有了他在家乡的1994年雅典卫城音乐会，雅尼也因此一举成名。他让现代音乐和历史空间产生了混杂性的重构，这种混杂是一种有效的力量，它导致了跨文化传播中殖民话语与本土话语间的紧张关系，从而否定掉了殖民话语的权威性。巴巴谈道："当他们提出这些跨文化的、混杂的要求时，本地人既挑战了话语的边界，又巧妙地通过设置与文化权威

图4-25 北京申奥片中雅尼太庙音乐会镜头

进行协商的其他特定的殖民空间而改变了其术语。"❶

申奥片通过传统与现代、国家话语与民间话语、大众文化与精英文化、殖民与后殖民的视觉影像所展现出的"文化混杂"现象是各国文化差异的现实影像再现。造成这种文化差异的历史前提是后殖民移居的历史，文化与政治的分离，消费社会和工业社会的置换等。在跨文化传播中不应再将文化看作固有的本源，根深蒂固的文化本质主义的观念需要打破。即如霍米·巴巴所言："理论创新和政治关键所在，就是需要超越于本源叙事和原初主体的思考，而集中产生于文化差异的表达的时刻或过程。"其次，"文化差异"还要求与如今流行的文化多元主义观念相区别。因为所谓的文化多元强调的是异质并存的宽容原则，并存的前提是差异，而不是混合或融合。"文化差异"着眼于殖民及移民对于西方现代性观念的冲击，"文化差异的界线设置冲突与重合并置，它们可能会大大冲击传统和现代的定义，重新设置私与公、高与低之间的常规界线，挑战发展和进步的常规经验。"它要求承认文化混杂的现实，并把社会文化差异看作一个复杂的、持续的协商过程。它探讨的问题是，"主体怎样在差异（通常被看作种族/阶级/性别等）的部分之间或之外形成的？在剥削和歧视的历史、价值的交换、意义和首要等方面都不能相通对话，甚至严重地对立、冲突，以至不能通约的情况下，表现或权力的策略怎样进入社群思想主张的形成之中的？"具体到个人，巴巴谈到后殖民文学的时候，主张作家站在一种"离家"（unhomed）的立场上。所谓"离家"（unhomed）不同于"无家可归"，也不同于反对"家"的概念，而是不以某种特定文化为归宿，而处于文化的边缘和疏离状态。昔日歌德提出世界文学的概念，但那仍然是欧洲中心主义的，只有今天"离家"作家才能创造于真正的后殖民文学。❷

❶ 赵稀方：《霍米巴巴及其批评》，载《上海文化》，2006年第3期。

❷ 赵稀方：《霍米巴巴及其批评》，载《上海文化》，2006年第3期。

第五章 申奥与国族身份认同

西方学者对于民族与国家之间关系的探讨主要集中于对意识形态的批判性研究中，“民族-国家”（Nation-state）被理解为一种现代的、以“国族观”（Nationhood）为中心的公民-国家关系模式。传媒在构建历史事件时，由于意识形态、经济与环境的影响，不可避免地带有对历史事件的主观框选。国族身份认同是建立在以国家为中心的认同之上，代表着国家形象的申奥片通过组织传播和大众传播两个传播渠道对本国的国族身份进行着建构，以期在跨文化传播中寻求文化认同。

第一节 组织传播中文化身份的认同

一 本国政府对国族身份的建构

历史跨进21世纪，传媒仍继续发挥着构建历史的“重任”，为我们构建了全世界联动的新旧世纪之交的“跨界仪式”、美国911的恐怖袭击事件、第二次海湾战争实况，以及奥运会仪式。我们能第一时间，甚至是以现场直播的形式看到事件发生的第一现场。靠着传媒的力量，我们比以往任何一个年代都要迅速与便利地获知世界大事，在这个地球村中我们仿佛是历史事件的亲历者。传媒为我们提供了特定的历史叙事，成为我们认知历史的工具之一。❶但是，人们通过传媒看到的事件并不是对真实历史事件的描摹，而是被传媒打上了种种意识形态注脚的传媒镜像。

❶ 潘忠党：《历史叙事及其建构中的秩序》，载《文化研究》第1期，天津社会科学出版社，2000年第6期。

当下是注意力经济的时代，奥运会又是关注度极高的全球性事件，主办一次成功的奥运会是刺激本国经济发展，提升国家形象，传播民族文化，增加民族凝聚力的绝佳载体。因此它不仅成为奥运申办国的受众，甚至是吸引了全世界受众关注的目光。正如丹尼尔·戴扬和伊莱休·卡茨所说，奥运会是“媒介事件”，是一种仪式性的政治，表达了对团结一致和民族融合的向往。❷奥运会借用“民族主义”话语可以提高当权者的地位，整合社会团体的凝聚力，并通过媒介将社会所有注意力都“聚焦在仪式的中心”。

❷ 丹尼尔·戴扬、伊莱休·卡茨：《媒介事件》，北京广播学院出版社，2000年版。

申办奥运会是一个国家的共同行为，作为国家行为在各国的政治话语中又有不同的注解。在西方国家，奥运会是在国家意识形态主导下完成的对申奥承诺，而并不是由执政党承担，执政党只是代表国家的执行者。如果在筹备奥运期间该执政党下台，继任的执政党仍会按照国家对国际奥委会的承诺继续履行举办奥运会的义务。而在中国，党与国是两个不可分的关联体，党有着高于国家的权威性。因此，中国的申奥行为是在“党-国”意识形态主导下的行为。在2001年7月14日《人民日报》为北京获得2008年奥运主办权配发的《谱写奥运史上最壮丽的篇章》的社论上这样写道：“申奥成功，有利于改革开放和现代化建设，有利于世界更多地了解中国，有利于中国更快地走向世界。对北京人民和全国人民来说，当前就是要以江泽民同志‘七一’讲话为指导，按照‘三个代表’的要求，抓住机遇，乘势而上，全力以赴做好2008年奥运会的各项筹备工作，带动其他各项事业的发展。”这样，在党对国家指导性的话语体系中建构出了“党国一体”的表述，并且勾联密切。

在全球化的后殖民语境中，处于第三世界的国家对国际政治、经济、文化有着焦灼的危机意识，渴望通过世界新秩序的建立寻回自我身份建构和认同。西方中心主义伴随着经济扩张已经侵入到了第三世界国家的意识形态体系的方方面面，第三世界国家开始对西方中心主义产生不满。此时，后殖民主义理论的提出为第三世界国家的知识分子提供了解构西方中心主义权威话语的知识武器。

打破西方社会霸权，传递出更多发展中国家的声音是打破西方强国话语霸权的有效手段。现在全球信息的传播是单向性的，是从强势国家输入至弱势国家。这种单一话语霸权的出现不仅是一种思想现象，它也成为一种国际政治现象。在人类历史上，政治霸权、军事霸权是屡见不鲜的，但是真正的全球性话语霸权则只能在今天的"全球化"中才能得以实现，因为它必须依靠政治、经济、军事、科学技术力量的综合。❶全球性的话语权已经被诸如美国CNN电视台这样的大众媒介所主宰，并被当作是世界权威声音传到世界各个角落。如果说在冷战时期还是靠军事竞赛、航空竞赛展现着东西方阵营的权利关系的话，那么如今则是靠对传媒的话语权的竞争。一切都以经济利益为重的西方政府在传播方面却不惜提供大量经费。美国新闻网、英国BBC等西方媒介用各种非英语语言单向式展开了对目标国的新闻传播，并进行以意识形态传播为目标的电视、广播、互联网传媒策略。联合国作为处理世界事务的机构，其话语权也几乎落在以美国为首的西方发达国家手中。在对伊拉克发动战争的决议中，虽然有很多国家提出抗议和不同政见，但拥有着世界话语权的美国、英国等国家还是在2003年发动了第二次海湾战争。在意识到了第三世界国家话语权的缺失问题后，联合国在20世纪80年代初就发表了《一个世界多种声音》的报告，报告呼吁发展中国家发展和加大传播优势，掌握应有的话语权。可喜的是经过多年的努力，近些年来在国际上开始听到了来自第三国家的声音。卡塔尔半岛电视台是于1996年在卡塔尔成立的新兴电视台，它靠着"美国政府越是不愿意听的，半岛就越是会加强报道"的新闻理念迅速发展成为阿拉伯地区最有影响力的新闻网。并于2006年开始向欧美地区播放英文节目。这个发自第三世界的不同声音为建立世界多元化的话语系统作出了努力。

❶ 袁明：《全球化中的文化自觉》，载《太平洋学报》，2003年第3期。

冷战时代已过，但部分西方发达国家仍把中国，这个发展中的社会主义国家当作邪恶的威胁者，遭受敌视。按照"文明冲突论"的观点，东方文明是一切竞技的对手，应奉行敌对性的遏制政策。虽然中国名列联合国常任理事国，对世界事务有一票否决的权利，但在西方强势国家政治制裁、经济胁迫之下，所谓的权利只不过是美好的愿景。"弃权"似乎成了中国这个最大发展中国家表示无奈的唯一表达方式。即使面对美国炮轰中国南斯拉夫大使馆事件也只能愤愤然谴责后，通过传媒疏导以安抚国内民众的反美情绪。随着中国经济的发展，政治上不对称的话语权缺失让“党-国意识形态”下的中国政府有了重树国际新秩序，友好“召唤”西方发达国家，以提升本国弱势话语权的愿望。

“话语”与“权利”相关，福柯认为“话语”的结构是一套固有的规则，它决定着认识行为的形式与内容。它们不仅仅是用来怎么说话的规则，而且是决定我们的知识、权力以及伦理的规则。❶举办全世界瞩目的奥运会正是为中国提供了这种话语权，增加全球传媒关注度，是构建国家形象的绝佳机会。因此，在申奥过程中，我们发现中国政府有意识地采用了同国内传媒话语体系截然不同的话语结构，以“非政治化”的意识形态来表达中国申奥承诺，这在申奥片与陈述词中表现明显。

❶ 庄琴芳：《福柯后现代话语观与中国话语建构》，载《外语学刊》，2007年第5期。

与前面的《人民日报》社论中强烈的“党-国意识形态”话语表述不同，在国际奥委会的组织传播形式中，面对国际奥委会评委，代表中国政府发表陈述的李岚清副总理向国际奥委会第112次全体会议作了如下的报告：

主席先生，各位国际奥委会委员，女士们，先生们：

我代表中国政府再次确认中国政府坚定支持北京申请举办2008年奥运会的立场。

中国政府尊重并赞赏国际奥委会评估团所作的评估报告。我们据此已制定了在北京举办一次出色奥运会的规划。

中国政府将信守在北京陈述报告中所作的所有承诺，并将尽一切努力帮助北京实现其承诺。

中国拥护奥林匹克精神，是奥委会各项号召和活动的忠实支持者。

在过去的半个世纪里，由于开展了全民健身运动及其他方面的因素，我国人民的健康水平有了很大提高，人民的平均预期寿命已从35岁增加到70岁。我们的运动员在国际奥委会举办的重大比赛中都有出色的表现。

为了传播奥林匹克精神，中国同时也帮助其他发展中国家完善其体育设施。例如，我们已经帮助他们建设了36座体育场馆。我们今后还将继续这样做。

女士们，先生们：

我希望借此机会向你们保证：如果此次奥运会发生盈余，我们将用它来建立一个奥林匹克友谊合作基金，来帮助发展中国家的体育事业；如果发生赤字，将由中国政府承担。

在过去20年改革开放的过程中，中国已成为世界上经济增长最快的国家之一。我们将继续保持政治稳定、社会进步和经济繁荣。

在北京举办奥运会不仅有利于中国人民，也有利于传播奥林匹克精神，为世界的和平、友谊、稳定和发展作出贡献。

全世界很多人都有这样一个梦想，他们希望有朝一日能来到中国并访问北京。我的同胞也有在中国举办一次出色奥运会的强烈愿望，并将其看作是对奥林匹克运动及其历史的一个重大贡献。因此，我衷心地希望，尊敬的奥委会委员们能帮助他们实现这一长期期待的愿望。

我国先圣孔子说过："有朋自远方来，不亦乐乎！"2008年如能在北京热烈欢迎各位客人，这将是我们最喜悦的盛事。我相信，届时你们将会在北京看到一次伟大的奥运会。

谢谢！

2001年7月17日中国申奥成功后，《人民日报》等国内主要媒体均刊发了中共北京市委、北京市人民政府、国家体育总局、中国奥委会、北京奥申委联合发表的感谢信。感谢信全文如下：

感谢信

七月十三日，国际奥委会决定北京为二〇〇八年奥运会举办城市。喜讯传来，万众欢呼，举国欢腾，这是首都人民的光荣，更是全国人民和整个中华民族的光荣。申奥成功，归功于党中央、国务院的正确领导，归功于全国人民的全力支持，是我国综合国力大提高和全国各族人民大团结的充分体现。在此，我们向中央党政军领导机关，各省、自治区、市，各民主党派和人民团体，社会各界和全国各族人民，港、澳、台同胞和海外侨胞对北京申奥所给予的支持和做出的贡献表示衷心的感谢。申奥成功后，各省区市、全国各界给北京市委和市政府、国家体育总局、中国奥委会、北京奥申委发来了大量热情洋溢的贺电、贺信，我们在此一并表示诚挚的谢意。

申奥成功，是我们取得的伟大胜利。更主要的，办好奥运，是我们的重大责任。我们决不辜负党中央、国务院和全国人民以及海外侨胞的期望和重托，按照江泽民同志“三个代表”重要思想的要求，以“七一”讲话为指导，以“新北京、新奥运”为主题，抓住机遇，乘势而上，奋发努力，扎实工作，为把二〇〇八年奥运会办成奥运史上最出色的一届奥运盛会而努力工作。

我们衷心希望在筹办和举办奥运会的过程中继续得到全国人民包括港澳台同胞以及海外华人华侨的大力支持。让我们紧密团结在以江泽民同志为核心的党中央周围，共同谱写中华民族新的辉煌篇章。

对比两则报道，不难发现中国政府在“对外”和“对内”的信息传播过程中是运用了两套不同的话语系统。在前一篇针对外国受众的陈述报告中，有意识回避了中国新闻宣传中强烈的官方意识形态，以“非政治化的外宣策略”修辞来迎合西方评委的接受心理。其陈述词表述内容要让人理解为：同其他四个申奥国相同，对奥委会的承诺者是中国政府而非政党。在修辞遣句中完成了“国家意识形态”与“党-国”意识形态的置换。在后一篇对国内受众的宣传报道中，话语系统则夹杂强烈“党-国”意识形态特征，从报道中“申奥成功，归功于党中央、国务院的正确领导，归功于全国人民的全力支持……我们决不辜负党中央、国务院和全国人民以及海外侨胞的期望和重托”等语句中的词汇秩序里可以看出“先党后国，党国一体”的固化对内话语逻辑。也就是说，中国政府在对外申奥宣传中对自身的“党-国”意识形态进行了遮蔽，建构着的是有别于真实国族身份的镜像。这种遮蔽透露出的是作为发展中国家国际交流中的无奈，以个性的泯灭迎合他国的肯定与赞许。

二 外国评委对申奥国身份的认知

由于盐湖城冬奥会暴出贿赂丑闻，导致国际奥委会名誉严重受损，因此国际奥委会规定自2000年起国际奥委会官员一律不得到奥运会申办城市进行实地参观访问。申奥城市也失去了与国际奥委会评委们在申办地人际交流的机会。社会心理学与传播学试验证明：有效的传播计划常常包含大众传播和人际传播的结合。[1]而申奥城市只能通过奥运会申办报告与申奥会议期间的组织传播的方式向奥委会的评委们进行沟通和交流，申办会议的组织传播效果将影响着奥委会评委投票的倾向性。

[1] 沃纳·塞佛林、小詹姆斯·坦卡德：《传播理论：起源、方法与应用》，华夏出版社，2000年版，第224页。

参加2001年第29届夏季奥运会举办权会议的国际奥委会评审委会共有122名，其中5个申办城市有13名委员在自己国家的城市被淘汰前不能投票，奥委会主席萨马兰奇也不参与投票。按照规定，哪个申办城市得票超过半数，即获得了2008年奥运会举办权。在每一轮投票中，如果没有城市获得半数以上的票数，那么获得选票最少的城市就将被淘汰，从而进行下一轮投票。这样，最多可能会进行4轮投票。2001年7月13日，5个申办城市分别进行了45分钟的陈述，通过抽签陈述的顺序是日本的大阪、法国的巴黎、加拿大的多伦多、中国的北京和土耳其的伊斯坦布尔，中国北京从下午15时起进行了近一个小时的陈述。中国国务院副总理李岚清、北京市市长刘淇、国际奥委会委员何振梁、国家体育总局局长袁伟民等申奥代表分别与会发表了陈述。李岚清副总理代表中国政府表达了对北京申奥的支持，并承诺会履行所有应尽义务，以确保北京可以主办一次成功的奥运会。刘淇也以英语说明北京为申奥筹划的各项建设计划。著名的电视节目主持人杨澜，以一袭亮丽的中国传统旗袍让人印象深刻。何振梁则以流利的法语，充满感性的演说贯穿整场简报。为了让没有去过北京的委员更直观地感受到北京这个城市的景观与热情的人们，在陈述期间播放了优美的北京申奥片。

国际奥委会委员资格的获取是由国际奥委会采用独特的“逆向代表”制度，挑选它认为合适的人士作为国际奥委会在各个国家的代表，而不是各个国家在国际奥委会的代表。这种做法的优点是国际奥委会委员不受来自政府、组织和其他合法实体及自然人的任何可能束缚或干扰其行动和投票。也就是说这一百多位评委完全可以根据自己的评价标准和喜好来决定最终的选择。因此，申奥国最后的陈述就像是最后的游说，传播效果将影响到了申办国所获得的支持票数。在最后关头，中国申奥代表的陈述与申奥片的传播效果如何？从下面一则报道可见一斑：“一位加拿大同行与记者聊天时表示，他很希望去北京采访奥运会，因为从这次北京的申奥宣传片看，北京是一个非常美丽的城市。一位曾经去过北京的法国记者认为，从新闻发布会和陈述报告看，北京奥申委代表团非常务实，准备工作很细致，因此，在投票前我们就看好北京。”[1]北京的申奥片与陈述是成功的，在城市实力、精心准备与视觉包装下，在IOC会议的组织传播中达到了预设的传播效果。在会议第二轮投票中，就以过半数优势赢得了奥运会主办权。在这轮投票中，北京获得了56张票，多伦多为22票，巴黎为18票，伊斯坦布尔为9票。可见中国政府在这其中运用的非“党-国”意识

[1] 王霞光、马剑：《莫斯科的庆祝》，载《人民日报海外版》，2001年07月16日，第十版。

形态的话语系统赢得了评委们的认同。

认同与态度方面的研究开始于20世纪30年代，社会学家拉扎斯菲尔德及其同事对群体在政治态度形成和做出投票决定的经典试验可以为我们提供理论依据。"基本群体的政治同质性"的研究成果认为人们有强烈的与他们最亲密的伙伴投相同票的倾向。在政治范围中，这种意见的同质化可以用两种不同的过程来解释。一个是群体施加压力，影响了个人的判断。另一个是，人们选择政治态度与他相同的那些人为朋友。❶在国际奥组委这个基本群体中分为西方发达国家评委与发展中国家评委两大类。由于国家背景、宗教信仰、母语、种族的不同，分属两大群体的评委们更乐于与本群体的评委形成亲密伙伴的关系，像中国台北委员吴经国与中国委员何振梁同为中华子孙，都为北京申奥作出了积极贡献。伊斯兰教国家也因为宗教、地域等因素促使委员间团结紧密，投票倾向性明显。因此并不被看好的伊斯坦布尔在第一轮投票中获得了17张选票，比夺冠热门城市巴黎的15票还高出2票，显然伊斯兰教国家委员间的同质化倾向使伊斯坦布尔获得了较高的票数。

❶ 沃纳·塞佛林、小詹姆斯·坦卡德：《传播理论：起源、方法与应用》，华夏出版社，2000年版，第219页。

1. 第三世界国家评委对申奥国身份的认知

中国属于第三世界国家。从1949年新中国成立起，中国的外交政策的基本立足点之一就是加强同第三世界国家的团结与合作。第三世界有100多个国家，人口占世界的3/4。第三世界的群体属性与多年来的相互支持使中国与第三世界国家关系融洽。坦桑尼亚总统姆卡帕获知北京取得奥运会主办权后说，北京申奥成功是第三世界人民的胜利。这不仅是中国人民的光荣，而且也是坦桑尼亚人民的光荣，是第三世界人民的胜利。肯尼亚国家奥委会秘书长汤姆对北京成功申办奥运会表示热烈祝贺。他认为，中国和非洲国家同属发展中国家，中国为非洲国家的发展和体育运动的推广作出了巨大贡献，中国的胜利就是非洲的胜利。❷从中可以看出因为在群体性认知上的同质化倾向使第三世界国家的评委们对中国具有主观上的"第三世界申奥国家"的身份建构。第三世界国家的评委态度归属明显，根据霍夫兰的"态度说服"理论，如果对方本来就赞同说服者的意见，只讲正面理由可以坚定其原有的态度且态度较难改变。这就决定了中国代表团在组织传播中的语言与视觉说服中仍保留了中国的文化特色，以正面数据建构本国身份。从结果看来，第三世界发展中国家评委对中国国

❷ 见《人民日报海外版》，2001年07月16日，第四版。

家身份的认知是积极与正面的。

2. 西方发达国家评委对申奥国身份的认知

有第三世界评委们的选票作基础，对于中国奥申委来说本次组织传播中的主要说服对象是西方发达国家的评委，他们的决策直接影响着中国是否能取得奥运会的主办权，在北京申办2000年奥运会时就是因为部分西方评委认为中国申办奥运的条件还不成熟，使北京以2票之差与新世纪的第一届奥运会失之交臂。经过中国近年来的经济快速发展，北京的城市实力已有很大进步，但对于西方评委特别是没有去过北京的评委而言，他们对中国，对北京的认知还停留在后殖民化的“东方主义”式的理解上，对中国是否有能力举办奥运会有着想象上的差距。因此，中国奥申委为了改变这些评委的态度，采取了非“党-国”意识形态的话语系统，迎合西方文化的“民族-国家”(nation-state)意识形态框架与视觉化传播形式，剥解着西方评委对中国的偏见和刻板印象。西方国家除了将发展中国家臆测为政治上的假想敌之外，还对强势文化的附属国家存在着奇观窥视的期待，这一如北京申奥片导演张艺谋执导的奇观电影《英雄》能够获得美国的票房冠军一样，张艺谋沿用着他惯用的奇观描述手法，在北京申奥片中进行着中国民族符号与西方式符号的缝合，京剧、歌剧、风筝、滑板……，二元结构的符号系统建构着奇观性的中国，这也正满足了西方评委想象的东方形象。中国政府期望通过想象中国的构建赢得西方评委的认同，其最终目的是想通过奥运会这一全球性的媒介事件来改变西方国家对中国的偏见。就像法新社报道的那样，狂喜的人群挤满了天安门广场，庆祝北京获得2008年奥运会主办权。他们同时还在为另一件事欢呼雀跃：中国在国际舞台上的表现终于为人所接受。许多发达国家总是用一种怀疑的眼光看待中国，这就使北京的申办意义超越了纯体育的范畴。北京申办奥运会成功表明了世界承认中国的发展进步，承认中国正从一个发展中国家向比较发达的国家过渡，承认中国共产党的成功领导。只要看看1988年汉城奥运会和1964年东京奥运会就会知道，主办这样一个世界瞩目的大型运动会将会给中国带来多大益处。申办奥运会成功，中国将加快改革的步伐，更加开放。[1]

[1] 《国外大通讯社报道北京成功申办奥运会》，《人民日报海外版》，2001年07月14日，第二版。

中国申奥策略是成功的，第二轮投票中即以得票数比第2名多伦多高出34票的绝对优势获得了2008年奥运会的主办权，西方评委们对中国有了认知上的提升。澳大利亚籍的国际奥委会副主席高斯帕虽看好北京，但意外于北京会以如此大的优势在第2轮投票中即胜出，通过会议陈述他认为北京在本次申办上比8年前更专业、更成熟，而且参加申办的人也自始至终保持了一种平和的心态，这是他所赞赏的。美国籍国际奥委会副主席德弗朗茨曾在1990年亚运会和1995年世妇会期间到过北京，对北京日新月异的变化留有深刻印象。她认为获得主办权将有助于北京成为世界关注的中心。她以前每次到中国都感到发生了很大变化，北京拥有奥运会主办权后，变化将会更大。国际奥委会执委布勒卡认为北京的承诺是现实的。他在考察了北京后认为北京有着很好的体育规划，有着很好的运动员村，他相信北京能兑现自己的承诺。他还特别提到了自己在北京期间感受最深的是普通百姓对奥运会的渴望。

第二节 大众传播中文化身份的认同

一 两大形象传播体系的角力

所谓国家形象传播，就是通过大众传播、组织传播、人际传播等方式向社会传递有关国家形象构成要素的信息，从而使公众形成对该国面貌和特征的总体认知和评价。[1]人们通过媒介感知世界，而正如李普曼"两个环境"理论所言，人类生活在现实环境和虚拟环境这两个环境中，前者是独立于人的意识和体验之外的客观世界，后者是被人意识或体验的主观世界。而这种主观世界往往是大众媒体构建中的媒介世界，我们通过报纸、电视了解着世界上发生的最新讯息，通过异域电影领略着他国风情，通过互联网观看着全世界的信息。大众媒介正方方面面地影响和改造着人们的世界观和价值观。

[1] 张昆：《国家形象传播》，复旦大学出版社，2005年版，第192页。

在大众传播时代，国家主要依靠电视、电影、广播、互联网等大众媒介传播自身形象。而国家形象在世界中的传播是在两大传播体系合力打造下完成的，这两大体系分别是本国媒介与他国媒介。体系一的本国媒介又分为对内传播与对外传播，对内传播就是以国家公民为传播对象的本国形象传播。在我国，对国内发行的中文报纸、电视基本都属于这一范畴。对外传播就是以国外公民为传播对象的国家形象传播体系，中文报纸海外版、电视国际频道、互联网英文版都是属于对外传播媒介。体系二的他国媒介是指除了本国媒介以外的国际传播媒介。它们通过自身传播渠道对他国的国家形象进行着深度和广度不同的传播。任何一个国家的形象都是由本国国家形象传播体系和他国国家形象传播体系共同构建而成的。当然随着大众媒介的不断开放，公众语言能力的不断提升，通讯技术的不断进步，本国媒介与他国媒介的界限正逐步模糊。通过互联网，非洲民众也可以看到当天网络版的《纽约时报》、《泰晤士报》；依靠网络下载，在中国也可以看到美国有线电视网刚刚播出的热门电视剧。但是，媒介天生是意识形态的产物，即使标榜“报道中立”的媒介也会因为国家民族、政治背景、经济利益等因素有着报道上的天然倾向性，他们只是善于用多种声音的报道形式来掩盖其自身的意识形态倾向。因此，各国媒介在对他国国家形象塑造上存在着可不避免的矛盾和冲突，这也使得一个国家的形象在两大传播体系的不同立场上呈现出变幻不定甚至大相径庭的角力。

在中国申办2008年奥运会主办权期间，本国传媒在对本国受众的传播中不留余力地进行着正面性的奥运报道，议程设置除了客观性的报道外，国家形象传播也占相当大的篇幅。分析北京取得奥运会举办权的2001年7月13日前后各一周（2001年7月6日至7月20日）的新闻报道发现，国内媒体报道关注的重点集中在国家形象建设上。这期间中国党报《人民日报》中涉及国家形象传播的报道占所有奥运有关报道的32%，内容包括《把申奥热情化为强国行动》、《中国前景更看好》、《与北京共创辉煌》、《利用申奥成功带来的机遇把国家建设得更加美好》等激励百姓爱国热情、塑造中国自信形象的报道。

《人民日报》2001年7月6日至7月20日奥运会相关报道分类

项目	报道分类	所占比例	项目	报道分类	所占比例
1	备战奥运	8.5%	6	百姓心声	15.2%
2	国家形象建设	32%	7	人物特写	1.7%
3	场馆建设	3.4%	8	港澳地区、华侨	11.8%
4	申奥进展报道	18.6%	9	政府反映	3.4%
5	国际报道	5.4%			

中国传媒是中国共产党和国家的喉舌，行政上的隶属关系必然使中国传媒在报道奥运新闻，提升中国形象的传播活动中采取从中国政府角度出发的正面报道形式。中国国家形象构建的真正主角是中国政府形象，这点从《人民日报》海外版

上的新闻报道中就能看出端倪。在海外版的报道中，对港澳、华侨的报道是重点，这源于在对外传播中他们是主要的受众群体。另外赞美抒情式的文章在这一时期的《人民日报》海外版中也占相当比例，此类文章的频繁发布是缘于中国国家形象一旦获得国际认可后，所释放出来的一种自我满足式的宣泄，是民族主义与爱国主义的集中体现。

《人民日报》海外版2001年7月6日至7月20日奥运会相关报道分类

项目	报道分类	所占比例	项目	报道分类	所占比例
1	备战奥运	1.3%	6	人物特写	5.4%
2	奥运项目进展	2.7%	7	港澳地区、华侨	26.7%
3	申奥进展报道	19%	8	社论	1.3%
4	国际报道	12.3%	9	奥运抒情	13.6%
5	百姓心声	9.5%	10	政府奥运动态	8.2%

与中国本国媒介正面报道一边倒的情形对比，他国媒介在北京申奥期间又是如何传播中国形象的？虽然国际奥委会一再强调对申奥国的评定过程中不要牵扯到政治因素，可我们仍可以在国外传媒有关中国申奥的报道中找到饱含政治性的负面报道。加拿大《环球邮报》在2001年3月7日的《多伦多迎接考察》的报道中，虽然没有出现攻击性的词汇，但仍将人权与奥运联系在了一起：

> 上周中国政府在外交上向调整人权法案上迈出了两大步。人权问题之前一直被指责，是影响北京申奥的最薄弱环节。首先，中国政府批准了一项有关全球经济、社会和文化权利盟约的全国性协议。这虽然不是像联合国公民与政治权利盟约一样严格意义的人权法案，但至少沿着该方向迈出了一步。同时，中国政府选择本周宣布提前释放受争议的在押人员郭海峰。此人之前是天安门广场事件的领导者之一。

中国人一向对法国持有较好的印象，这一印象得益于中国传媒对于法国国家形象的友好性传播，但作为2008年奥运会主办权的最大对手，法国《世界报》在2001年3月24日的报纸上刊登了一则负面性的新闻报道：

> 在洛桑的国际奥委会成员中没有人不对刊登在5月17日巴黎竞赛报上的几幅照片感到担忧。在北京的一条街道的水沟里,躺着一个被抛弃的女婴的尸体,周围人来人往,熙熙攘攘,对此漠不关心。……然而让国际奥委会成员举棋不定的最主要的因素则是对这个国家的"冒险性赌注"。而不是对中国方面的当权者能否保证运动会期间的安全不信任。谁知道7年之后的中国会是什么模样?……选择北京就等于选择了不确定。假如出现非常不幸的情况,在奥运会预期举行的前两年,北京不能组织运动会了,那么国际奥委会将会处于一片混乱之中,只得在灾难的情况下找寻另外一个替代城市……

国家形象在国际间的传播主要是由他国的大众媒介塑造的,他国媒介对国家形象的报道角度与评论直接影响他国受众建立正面或负面的国家印象。国际上,国家形象传播的主导权基本都集中在掌控全球媒介资源的西方发达国家手中。这些媒介强势国家在传播他国讯息时往往带有自己的意识形态,甚至以"妖魔化"的方式传播他国国家形象,以造成利于本国的国际舆论。

在当今时代,一国国家形象正是在两大传播体系角力中被塑造。由于传媒背后不同意识形态的影响,两大传播体系的媒介报道会呈现出截然相反的现象,这种情景下占据世界强势媒体资源的国家必然在国家形象构建上占上风。而对于传媒弱势国家而言,拓展媒介资源、聘请媒介公关公司将会是解决国家形象正面传播的较好策略。中国奥申委在第二次申奥时就吸取了第一次申奥失败的教训,聘请了众多的国际公关机构:美国的万博宣伟公关公司、英国的贝尔–波廷格公关公司,以及聘请了来自澳大利亚、英国和美国的公关顾问参与中国申奥报道和国家形象传播工作。国际公关公司利用自身媒介渠道以正面立场来说服国际奥委会成员和国际媒体,表明北京赢得主办权不仅对中国,而且对世界来说都是件好事。

二 媒体的叙事及建构秩序

1. 传媒的奥运叙事逻辑

中国大众媒介经历了两次申奥的媒介事件,1993年第一次申奥以2票之差落选,2001年第二次申奥的成功点燃了媒体报道的集体"亢奋性"。对比前后两次媒介报道,1993年投票前的党报《人民日报》中的6天申奥报道共43篇,有14篇位于头版。报道基调是热情的“欢呼”、“迎接”奥运的到来，申奥的背后是12亿人的“拉拉队”。2001年投票前《人民日报》申奥报道6天仅15篇，2篇在头版。在世界舆论一片看好中国北京的时候，北京却变得沉寂了，有关申奥的宣传收得非常紧。在《北京日报》1993年与2001年申奥投票前后一年间，1993年申奥报道495篇，2001年296篇。❶2001年第二次申奥报道中，媒介在中国奥申委要求申奥期间低调宣传策略下，投票前期的报道相对平稳，报道最为集中的是在1993年申奥投票前与2001年申奥投票后这两个时间段。这两个时间段里的议程设置都有着共同的特征，就是在我国奥运报道叙事中富含民族主义话语的特征。

在汉语中，“民族”一词出现在19世纪末20世纪初，主要是指以血缘世系和文化传承为框架的人们的共同体形式。❷但是，在国内“民族”一词的指涉范围越来越宽泛，也带来了认知上的混乱，它不仅表示“汉民族”、“少数民族”，而且也意指“中华民族”、“社会主义民族大家庭”这一多族群构成的共同体。“汉民族”与“中华民族”本是两个层次的概念，但在国内却统一表达为“民族”概念，将属于不同层次的事物用同一概念来表达，使人们对“民族”一词的理解陷入混沌状态。为了厘清这两个层次，我们分别以“民族”和“国族”对应“汉民族”等单一种族与“中华民族”这样的多民族共同体。对于中国这样并不是“一族一国”的多民族国家来说，“国族认同”的宣传策略一直是扮演着党的喉舌的大众传媒的理想型宣传工具，在奥运宣传策略中我们可以清楚地感受到这一点。政治性的宣传报道作为新闻报道形式感单一、目标过分明确，致使宣传效果并不理想，目前只有党报中采用较多。与经济效益挂钩的都市报为了拓宽发行量除了重要、敏感议题外，多舍弃了这种刻板的报道形式。但我们注意到在申奥胜利后的报道形式中，无论是党报还是都市报都毫无例外的以国族性的叙事方式来采写报道，都期望借助“国族认同”式的宣传报道方式唤起大众的共鸣。这样的叙事结构我们也曾经在香港、澳门回归等中华民族的重大事件的媒体报道中出现过。1997年香港回归就是凸现我国民族主义话语的一个“热点时刻”，即集中我国文化或社会内省自身的意义以及体现内部各种张力的历史事件或现象。❸这种国族主义的表述方式对严格意识形态约束下的中国媒体来说是“安全”且传播效果较好的报道形式。既不违反政策，又能挑动起广大受众的爱国热情，因此在2001年申奥成

❶ 柯惠新等：《媒介与奥运——一个传播效果的实证研究（北京申奥篇）》，中国传媒大学出版社，2004年版，第74—76页，第97页。

❷ 任军锋：《地域本位与国族认同》，天津人民出版社，2004年版，第5页。

❸ Claude Levi -Strauss, The Savage Mind (Chicago, IL: The University of Chicago Press, 1966, p.259.

功后我们似乎就被这种单一的报道形式所包围了。

按照霍夫斯泰德的价值观维度，中国是一个典型的“集体主义”的国家。集体主义的特点是拥有一个区分自己人团体和外人团体的严格的社会框架，个人对集体的归属感高，忠诚度强，倡导以牺牲个人利益为代价保全集体利益。在中国，我们经常可以听到“众人拾柴火焰高”、“牺牲我一个幸福十万家”的媒介诉求。集体主义在中国有着深厚的文化渊源，孔子“夫仁者，己欲立而立人，己欲达而达人。能近取譬，可谓仁之方也已。”[1]的思想就传达出了集体主义的观点。在谈及中国的集体主义文化时，梅耶写道：“鉴于个人权利的极端从属性，集体行为是中国社会的显著特征。”[2]

[1] 出自《论语·雍也》。

[2] 拉里·A.萨默瓦、理查德·E.波特：《跨文化传播》，闵惠泉等译，中国人民大学出版社，2004年版，第75页。

集体主义的历史传承性与社会性特征让中国的受众易于接受国族主义的议程设置形式，期望祖国可以强大和富强也是每个中华子孙的心愿。因此，申奥的报道中，在传者与受者民族主义和集体主义的合力下形成了传媒对历史的构建，共同搭建了一个国族认同的媒介叙事结构。在集体主义关照下的传者与受者面对重大国族事件容易形成高度统一的认知、态度和行为，内化的统一体现在了媒介对港澳、海外华人、友好人士贺信贺电的特殊报道形式上，这不仅是对国族意向的肯定，也体现了国家叙事的权力关系这一本质。一种以国族为臆想对象的国家映像。

2.“想象国族”的欢庆

霍布斯鲍姆和盖尔纳侧重于从国家实体的角度来理解民族与民族主义，而本尼迪克特·安德森则从情感上开辟视角来理解，在他看来民族是一个“想象的共同体”，而民族主义的合理性则在于它给一定的人群提供了情感上的稳定联系，借此人类获得了生存上的安全感与归属感，也获得了人际审美的满足，特定人群对彼此有了一种特定的认同感。安德森将民族、民族属性与民族主义视为一种“特殊的文化的人造物”，将民族定义为“一种想象的政治共同体”。每天身处不同空间的人们在接受大众传播资讯的同时，会自然或不自然的认为在不同的空间里有同样的人在关心相同的事情。这种想象的人群在不断扩大，以至于最后出现了想象的共同体——国族。大众传媒也善于利用国族概念来营造“想象的共同体”。在媒介对申奥成功报道的叙事框架中，用“伟大民族的胜利”、“九州同庆”等词汇和言语为我们提供着想象国族的欢庆。让我们为媒体虚拟空间上的这个欢庆时刻而激动不已，用仪式化的形式让人们相信我们就是这个欢庆国族的一分子。

中国的大众传媒是各地申奥庆典活动得以跨时空同步举行的组织者。当奥委会主席萨马兰奇宣布获得29届奥委会举办权的城市是“北京”时，中国媒体便开始组织了历史庆典的电视仪式。将莫斯科申奥现场，北京中华世纪坛上的国家领导人，各地欢庆的民众，以及世界各地的华人华侨，其他四个落选城市的等待人群用电视仪式的方式，将它们跨越时空的连接在了一起，与电视机前的受众一起参演了这一文化仪式。申奥这一仪式表演的情景，起到了强化民族凝聚力的纽带作用。

传媒的申奥报道叙事具有时空上的叙事秩序，时间轴上所构筑的秩序是我国政治话语中特有的历史脚本。这个历史脚本的构成是：“文明古国—落后挨打—共产党—改革开放—发展强大—民族振兴—申奥成功”。这一秩序并不是随意的历史性摆放，而是有着因果关系的联系链条。在这里的媒介历史叙事遵循着这样的脚本一一展开，在清政府和国民党政权的腐朽统治下，使强盛的中华民族走向了衰败，是中国共产党拯救了危难中的中华民族，并带领中华民族走向了富强，赢得了世界的尊重，最终获得了奥运会的举办权。在这其中，尤以共产党的正确领导下赢得了世界的承认与尊重为整个历史脚本的重心。在申奥报道中表现出来的民族主义并非真正的民族主义，而是由国家主义支配着的国族想象和国族身份认同，在这一历史叙事中传达的是一种国家叙事：先有国家再有民族，国家先于民族。如歌曲中所唱“没有共产党就没有新中国”一样，没有党领导下的新中国就没有中华民族的繁荣昌盛。

中国奥运会的申办在媒介的渲染下，空间和时间被开创性地建构了出来。在申奥之前，2001年7月13日并不是中华民族的“非常时间”，但随着萨马兰奇的一句“Bei Jing”，北京时间2001年7月13日22时08分被媒体所“神圣化”，把它定义为“神圣时间”——民族振兴的时间见证点，似乎中华民族犹如一头沉睡的雄狮在这一刻突然惊醒，向世界发出了震耳欲聋的吼声。这一神圣时间的塑造使得媒介的申奥庆祝仪式有了时间上的合法性。

在空间上，它不仅是指地理意义上的空间封闭体，也是指有着天然血亲关系的民族封闭体。仪式在地理空间上延展，又以民族封闭体为空间主体。

首先，主体空间在申奥所在地莫斯科会场展开。这里是决定申奥是否成功的第一空间，人们通过电视直播与申奥代表一起见证这一神圣时刻。为了让中国受众见证历史，中央电视台专门向莫斯科派出了规模庞大的47人的前方报道组，通过莫斯科3个直播点：莫斯科主会场国际贸易中心，河对岸的乌克兰饭店的游船码头和大会新闻中心的演播室，现场直播了国际奥委会投票选举2008年奥运会举办城市的全过程。其他4个城市也都对莫斯科主会场进行了现场直播，当萨马兰奇在莫斯科会场宣布中国北京获得奥运会举办权时，莫斯科现场的中国代表一跃而起，互相击掌祝贺，其他城市代表深深遗憾的同时，也绅士般的鼓掌祝贺北京。在这一刻，通过直播镜头展现了分属不同空间的人群各异的表情：北京沸腾了，而其他4个城市却一如8年前的北京，伤感而沉重。

其次，象征空间在北京展开。北京作为中国中央政府的所在地，代表了中国权力的中心，而作为一个大国的古都，北京在中国历史、文化上一直占据着极为重要的地位。因此，直播完北京获得奥运会主办权后，中央电视台的现场直播就立即切换到了北京中华世纪坛。中华世纪坛是为了迎接新千禧年而兴建的纪念性建筑，中华世纪坛碑石正面镌刻的是前国家主席江泽民手书的"中华世纪坛"碑文。在烟火映衬下，仪式性的庆典活动被点燃。此时，江泽民等党和国家领导人参加了北京世纪坛的庆祝盛典，中央电视台现场直播了领导人与民同欢的盛大场面。当北京申奥成功的消息传来，40万中国民众自发涌向天安门狂欢。北京街头庆祝的人群超过百万，长安街东西两向庆祝的人群长达十几公里。随后，江泽民等国家领导人又前往天安门广场与现场民众共同联欢。

最后，延续空间在全国各地、世界各地有华人的地方展开。作为国族主义的重要构成部分，港澳台、海外华人华侨、少数民族是仪式中不可或缺的重要符号。空间上的分割并没有妨碍媒体对想象国族的庆典式呈现。在中央电视台7月13日当天14小时的特别节目《新奥运》中，从晚上10点莫斯科申奥现场直播结束至7月14日凌晨1点40分节目结束不到4小时的时间里，不断插播反映全国各地，几乎覆盖到全国各省份的民众欢庆的新闻：照亮夜空的礼花，排山倒海的欢呼，万众欢腾，激情宣泄。此外，中央电视台13个驻海外记者站都快速发回了全球华人共庆申奥成功的报道。中国媒体积极建构着中国56个民族以及港澳台同胞、海外侨胞在合成空间上的欢庆仪式，中央电视台采用第一套节目、第四套节目、第五套节目、第九套节目共同并机直播的方式，对海外华人进行招募，借此扩展媒介事件的新视域。

在申奥这一媒介事件的"共时性"叙事表述中，一些采访镜头是采取提前录制的方式呈现的，传媒将提前录制的虚拟庆典安插到与北京同步的欢庆时间中去。这些国家和地区正值午夜，庆典仪式并不可能与北京庆典同步，但媒介还是将全世界的华人庆典这一跨界庆典仪式统一在了北京欢庆时刻。在这个虚拟的“天涯共此时”的时间体中将民族庆典时间转向了国家庆典时间，将民族话语转换为国家话语。在空间上这一民族欢庆仪式是以北京中华世纪坛为中心展开，这表明申奥成功是在国家政府（中国共产党）的领导下完成的，这是中华民族的胜利，千年文化古国的再次勃兴。大众媒介的这种建构创造了宏大的空间和时间叙事体，成为如同阿尔都塞所言的整个社会大众事件的脚本和再生产的社会工程。[1]借助这种国族的“想象”而非“真实”，媒介缝合起了受者——中国百姓对社会的不满，遮蔽着现实中的矛盾，激发出百姓的幸福感与民族自豪感。就这样，国家叙事通过申奥仪式营造的时间的一致性和空间的特殊性达到了特定的宣传目的。

[1] Louis Althusser, “Ideology and Ideological State Apparatuses”, in Lenin and Philosophy and Other Essay, New York and London, Monthly Review Press, 1971.

3. 国家权威意识形态的利益调适

奥运会一共采用三种经营模式：一是民间商业模式，如美国亚特兰大和洛杉矶奥运会；二是政府模式，如汉城、莫斯科以及雅典奥运会；第三种是民间和政府相结合模式，如悉尼奥运会。1984年之前的历届奥运会都是负债经营的，所有亏空由承办国承担。洛杉矶奥运会承办权落实之后，美国政府决定不给予任何资金补助，洛杉矶州的法律又限制彩票的发行，这届奥运会开始了由私人企业全面实施商业化运作，通过出售门票、提供赞助权和出售电视转播权，有效地解决了举办奥运会的所有经费问题并且还大赚了一笔，洛杉矶奥运会成为奥运会现代经营历史上的一个重大转折。

2004年雅典奥运会主要采用了政府运营模式。雅典奥组委试图营造一个“被净化”的奥运商业环境，打造“遗产式”的非商业化奥运。在这样的理念下，雅典奥运会赞助商个数创下了近年来奥运会历史新低，悉尼奥运会的赞助商超过了100个，亚特兰大更是超过了200个。据雅典奥组委赞助事务部新闻发言人介绍说：“为了防止雅典奥运会过于商业化，同时也为了让更多的人能更容易地识别赞助商，决定把赞助项目门类控制在40个以内。”雅典对赞助商的控制十分严格，除赛场外，即便赞助商自己愿意出钱做广告也不可能。在奥运会开始前，为了清除城市中的“视觉污染”，雅典奥组委拆掉了一万多个矗立在城市的广告牌。但在商业化时代，雅典奥运会的非商业化经营策略也遭遇到了困难，商业资本的控制造成了雅典场馆建设进度一度延迟的问题，在举办完奥运会后的体育场馆因为选址等问题目前经营仍不景气，曾经被认为会是新的经济增长点的奥运场馆成了雅典政府财政上的巨大黑洞。

北京2008年奥运会也是采用了政府运营模式，吸取雅典奥运会的教训，以及受惠于中国社会主义国家的集权型政治体制，中国奥组委在场馆建设方面的高效建设进度一直深受国际奥委会的赞赏与肯定。在2001年末至2008年中的中国境内各类媒体的报道中，与奥运会有关的设施建设的篇幅一直占据着很大的比重。北京古城的抢救性保护、奥运场馆征地与拆迁工作、城市配套交通建设等信息始终是媒体诉诸的焦点。其中，尤以被称为"鸟巢"的国家体育场与"水立方"国家游泳中心成为其中的关注重点。在北京奥林匹克运动会组织委员会的官方网站上，奥运会会馆的建设被单独列出。这一切都是"党－国"机制下的大众媒体所要展现出的中国的经济实力，这个涉及中国人的"面子"精神。"脸面"是个体为了迎合某一社会圈认同的形象，经过印象整饰后表现出来的认同性的心理和行为。[1]近几百年来中国国力一向落后于世界强国，一度沦落为半殖民地，百姓惨遭蹂躏。在积蓄了近30年的经济快速发展后，有了一定经济实力的中国渴望被世界认同，而这种认同主要是以他人（国）的正面评价作为回报的。《参考消息》作为一份国际新闻的摘录性报纸，几十年来销售量一直较好。这就在于报纸中大量摘录有他国对中国正面性的新闻报道。这种过滤性的正面报道多为称赞中国经济、文化的进步与发展，这正是在国人眼中体现脸面的最好的回报，不是物质帮助，而是多多的恭维、抬举和捧场。媒体报道的新闻又是从他国的媒体上翻译转载而来，更增加了报道的可信度，显示出他人（国）对自我（我国）重要性的承认，也就是对自我（中国）成功、进步的肯定。在集体主义思想根深蒂固的中国，国人十分在乎国家的价值，但这种价值并不像西方所认为的那样是本国固有的品质，与他国与外界无关。在国人眼中，国家的价值是需要从外界的评价中获得的。中国人通过媒介塑造出来的他者感知中的中国印象为参照来理解自己国家在世界中的地位与身份。殊不知这种媒介塑造早已经过了媒介这个"把关人"的一再框选，框选出来的报道早已是经过一层层筛选以迎合中国人的"脸面"心理。这也就是为何中国场馆建设的报道如此受媒体与中国受众关注的原因。

[1] 翟学伟：《人情、面子与权力的再生产——情理社会中的社会交换方式》，载《社会学研究》，2004年第5期。

与传统中式建筑与现代主义建筑不同，北京奥运场馆的建筑设计充满了后现代设计风格，这种风格的出现，在申奥前的北京建筑设计规划中是不可想象的。特别是"鸟巢"与"水立方"建筑设计打破了中国人对建筑形态的理解。故宫、八达岭长城、景山、颐和园、天坛祈年殿代表了中国悠久历史与文化的厚重传承，抗战遗迹卢沟桥、人民英雄纪念碑是中国近现代历史的形象及文化载体，而如今，奥运会主体育场、国家大剧院、中央电视台新台址等多个正在被冠以“新北京标志”头衔的当代建筑则是新时代的中西文化交融与撞击的集中体现。

起源于西方的奥运会虽然得到了全世界的追捧，但其文化基础却根生于西方文化沃土之中，当奥运文化与中国文化实现对接时，正渴望获得世界认可的中国奥运会的组织者们必然以西方文化的视角作为组织中国奥运的文化参考尺度，因此在主场馆的建设中采取全世界竞标的方式，并最终由瑞士建筑师皮埃尔·德麦隆和赫尔佐格的“鸟巢”设计一举中标。这对于中国政府来说是一次大胆的尝试，这期间中国政府又相继批准了“水立方”、国家大剧院、中央电视台新台址等一批典型后现代风格的建筑设计方案。

在国内建筑界，对奥运建筑的争论一直都没有停止过。有学者指出，中国人的传统审美是以横平竖直为美，而奥运主场馆设计完全颠覆了中国的传统审美原则，是对人们视觉和心理的双重冲击。而在国际上对奥运建筑设计的赞美之声却不绝于耳。2007年7月，英国《泰晤士报》评出全球在建的十个最大最重要的建筑工程中，北京三大建筑入选，“鸟巢”位列榜首，另外两座建筑则是北京首都国际机场3号航站楼和中央电视台新址。2007年年底的美国《时代》杂志评选出的2007年世界十大建筑奇迹中，北京三座建筑榜上有名，分别是北京2008年奥运主体育场“鸟巢”、中央电视台新址和北京当代万国城。中国政府是建筑项目的决策方，加之西方媒体的集体性“捧场”，作为国家机器的中国媒体在对奥运主场馆等的当代建筑的报道中自然采取了全盘接受与赞许的叙事方式，在这里中国权威意识形态与西方文化达成了空前的一致，强势的中国权威意识形态抹平了东方文化与西方文化在此间本应有的冲突与交战。与历届奥运会期间，特别是上届雅典奥运会场馆建设的批评报道众多的情形截然不同，体现在中国媒介报道中的是一边倒的盛赞性叙事，奥运场馆建设在一片和谐氛围中完成了其设计招标与建设。

中国属于《经济学人》(*The Economist*)所称的“低收入的全球化国家”，但对中国而言，主办奥运会的意义远在经济得失之上，而关乎民族尊严和国家荣誉。[1]两院院士、清华大学建筑与城市研究所所长吴良镛告诫弟子：“一个建筑并不是不考虑美观，但花多大的代价得到什么样的美观，以及是不是只有唯一的途径才能

[1] 李金铨：《中国媒介的全球性和民族性：话语、市场、科技以及意识形态》，载《二十一世纪》，2002年12月，第74期。

得到美观，不能不考虑。中国现在并没有富得不在乎这几十亿。”文化批评家朱大可更是撰文称：“中国近年来的各类标志性建筑大都耗资巨大，完全不计成本，超越了经济核算的框架，成为利用资本集权进行权力构筑的辉煌范本。它们遵循资本主义美学，表达出中央财经集权的巨大能量。”面对精英阶层的不同声音，以及面对奥运场馆建设产生的巨大费用，此时中国政府也审时度势地提出了“节俭办奥运”的主张。2003年8月，温家宝总理最早在国务院一次办公会议上强调了“节俭办奥运”的方针。2004年7月27日，北京市市长王岐山在中共北京市委九届七次全会上表示北京奥组委及其他相关部门必须牢固树立“节俭办奥运”的观念。2004年7月31日北京市政府通知“鸟巢”工程暂停施工，随后“鸟巢”原方案的顶部设计被更改，奥运建设经历了一次“瘦身”过程。2008年初奥运场馆相继完工之后，北京市副市长陈刚表示，北京兑现了“节俭办奥运”承诺，31个比赛场馆的投资控制在130亿元人民币之内。其中，国家体育场的投资控制在35亿元人民币之内。陈刚说，在所有的投资中，中央和地方财政约占51%左右，其他是靠社会融资和捐赠。

奥运会筹建时期，媒介对奥运场馆的建设的热衷性报道既是调动奥运热情，营造媒介事件的有效砝码与手段，也是一件力图将奥运会事务的快速运作转喻为新中国蓬勃发展的时代缩影的宣传品。正因如此，各个媒体的宣传上，“更高、更快、更强”成为最频繁的宣传语。

结　语　全球化与国家形象传播

全球化语境的形成有一个历史过程，最早由加拿大学者麦克卢汉敏感地捕捉到了传播技术对于地理距离的压缩作用而提出了“地球村”一词，至1969年由美国政治家布热津斯基最早在《两代人之间的美国》中提出“全球化”的概念。这一概念有着鲜明的政治目的性，旨在让人们放弃对帝国主义的批判，将美国作为完美的国家范型向世界兜售。可见最早“全球化”概念是美国的一种权力话语。随着旧的殖民体系的瓦解，更具遮蔽性的经济形态的后殖民主义逐渐取代了政治形态的殖民统治。消费社会的逐步成熟，大众媒介的兴盛，“全球化”俨然成为政治、经济、文化领域所无法回避的现实语境。对于“全球化”，美国另一位著名学者阿尔温·托夫勒所持观点与麦克卢汉和布热津斯基都有所不同。在《权力变移》一书中，他提出这样一个问题：“全球化传播媒介真会把民族之间的差异同化掉吗？”他接着回答道：“全球化不等于同一化。我们可能看到的不是已故加拿大传播学家马歇尔·麦克卢汉所预言的单个的地球村落，而是大量不同的地球村——它们都被纳入新的传播系统，同时又努力保持或加强各自的文化、种族、国家或政治个性。”[1]托夫勒对全球化抱有积极的态度，在他看来在全球化体系中仍存在不同的差异性文化群落，不同文化群落间应相互理解和包容。

[1] 阿尔温·托夫勒：《权力变移》，四川人民出版社，1991年版，第318—319页。

20世纪70年代以来，信息技术和通讯传输技术的迅速发展使媒体在经历了口头传播、印刷传播、大众传播的时代后，又进入到了以互联网为代表形态的新媒体传播阶段，使世界迈入了信息全球化时代。“全球化”的到来对于发展中国家来说是一把双刃剑，一方面全球化打破了国家、地区间信息传播的隔阂，使全世界可以比以往任何时期都更加自由的交流与沟通；另一方面，自由的全球化促生了西方经济发达国家在政治、经济、文化上的新霸权现象，第三世界国家不得不依附于西方发达国家。全球化时代，整个国际传播的语境发生了深刻的变化，信息全球化以开放性和多元性取代了以往的封闭性。同时，由于传播资源占有量不均，也暗含传播秩序的不平衡，使第三世界国家越来越缺乏在世界上的话语权，使其国家形象被西方国家的传媒任意建构甚至扭曲。在新时期对于全球化应当如此看待：一味地强调全球化的同质化方面必然忽视全球化同时也是一个异质化的过程。当然，我们否定本质主义的认同观或族性观，并不是要全然否定民族文化的差异性以及建基其上的认同上的差异性。问题的关键是，认识差异的目的是为了平等对话还是为了制造新的对抗，是寻求扩大价值共识还是加深价值危机。如果我们把“本真性”的标准绝对化，那么就必然会引发严重的价值危机与民族对抗。❶

❶ 陶东风：《全球化、文化认同与后殖民批评》，载《马克思主义与现实》，1998 年第6 期。

国家形象是一个综合体，是国家外部公众和内部公众对国家本身、国家行为、国家的各项活动及其成果所给予的总的评价和认定。❷国家形象的内容是，首先是一种主体意识，是国家或民族精神气质中的闪光点。它是在历史文化传统的基础上，融入现代化的要素，经萃取、提炼而成。作为民族精神、意志的集中体现，它不但有助于形成公民对国家、民族的向心力与凝聚力，更有助于向外界展示一个鲜明的、一贯的国家形象。❸国际上，国家形象传播体系是指国际社会构建一国国家形象的媒介体系，主要是由各国国际传播媒体组成，各国重要外交人物和旅游人士、各种国际社团等也是其重要组成部分。在这一传播体系中，各国传播媒体通过对其他国家的国家行为和国家情况的报道和评析来完成对一国国家形象的塑造。在国际国家形象传播体系中，国家形象主要是由别国的新闻媒体来塑造的，这种国家形象主要是一种外来的评价，是受他人感情和意志支配而形成。❹在全球化的时代背景下，国家之间的信息交流和沟通范围空前便捷和广泛，但在国家形象的跨文化传播

❷ 管文虎：《国家形象论》，电子科技大学出版社，1999年版，第1页。

❸ 程曼丽：《大众传播与国家形象塑造》，载《国际新闻界》，2007年第3期。

❹ 张昆：《国家形象传播》，复旦大学出版社，2005年版，第194页。

过程中，一个国家的形象建构的主导权基本掌握在了媒介渠道发达的国家手中。这些媒体强国通过占优势的大众媒介渠道向世界传递着包含本国意识形态特征的信息，以影响着国际社会舆论对相关国家的评价。“有时即使是积极的新闻报道，如果没有足够的新闻流量，也会影响到对该国的准确了解，进而导致模式化的国家形象，或关于某一国家的刻板印象。”❶

❶ David K.Perry, "The image Gap: How international News Affects Perceptions of Ations", Journalism Quarterly 64 (Summer/Autumn1987), p.433.

在大众传播时代，人们更加依赖电视、电影、互联网等媒介来获取信息，而这些大众媒介相比于印刷媒介最大的特征便是以影像的方式传播信息。也就是说人们越来越倚重于通过图像来理解和解释世界。用海德格尔著名的表述来说，这就是所谓的“世界图像时代”的到来，“从本质上看来，世界图像并非意指一幅关于世界的图像，而是指世界被把握为图像了。”❷在当代文化体系中，以影像为主要表现形式的大众传媒已成为人们日常生活中难以抗拒的视觉文化发展趋势。如果说语言文化是理性文化的话，视觉文化则更诉之于感性，以表征、理解和解释世界的方式越来越呈现出感性图像化的特征。视觉文化时代的法则是：人们爱看图像远胜于文字。道理很简单，看图是直觉的、快感的和当下的。与文字相比，图像更具诱惑力。我们似乎越来越远离那种独自沉思的阅读状态，失去对文字阅读的热爱！这便使得图像的崇拜成为新一代的文化仪式！❸视觉经验也比以往任何时候都具有意义，“看”意味着文化力量，就意味着所拥有的权力。

❷ 海德格尔：《世界图像时代》，孙周兴编《海德格尔选集》，上海三联书店，1996年，第899页。

❸ 周宪：《视觉文化的转向》，载《学术研究》，2004 年第2 期。

在全球化时代，视觉文化的传播使人们更多的通过大众媒介所构建的视觉符号来认识和理解我们身处的客观世界。人们对客观世界的反映也基于符号世界的形象来作出。但是，经过传播者这一“把关人”传递出的符号世界与客观世界之间总存在着或多或少的差异，受众不可能对媒介所提供的“虚拟真实”进行一一查证。在跨文化传播中，信息的真实性和准确性更是不易得到他国受众的检验，因此，受众心目中的一国的国家形象基本上是通过接触到的大众媒介所营造出来的。从这个意义上来说，在全球化时代，对以影像为代表的视觉文化在跨文化传播中的视觉表征、编码、解码等进行分析，有助于我们把握国家形象在世界体系中的建构。对奥运会申办宣传片的视觉文化分析正是颇具代表性的视觉文本，它可以帮助我们在申办奥运这个跨文化传播的平台上检验它是如何通过视觉符号来建构国家形象的。并且，对于不同权利体系中的国家在表述和传播自身国家形象中所体现出了各自不同的文化立场，借用各种视觉符号表征出各自国家的“情感结构”，将混杂的文化符号推销到全球化的传播语境中，以形成跨文化传播中不同的国族身份认同，揭示出视觉文本背后所隐藏着的后殖民主义的意识形态逻辑。

通过对伦敦2012年申奥片、北京2008年申奥片、纽约2012年申奥片等视觉文本的跨文化传播分析发现，申奥片为我们提供的是申奥国的体育精神和国家形象，而在其背后起支撑作用的则是以“文化优越”、“视觉沟通”为特征的“情感结构”。“情感结构”(Structures of feeling)的概念是由雷蒙德·威廉斯提出的，他认为人类对社会形态和社会意识的概括往往趋于简单化，以至现成的，官方认可的，被学术权威一锤定音的表述和广为接受的解释与人们在实际生活中的切身体会并不一定相符合。即便是已经把所有经过清晰表述的，并且由各种制度或体制支撑的思想加在一起，也构不成社会意识的全部，因为“只有它们及其彼此之间的真实关系被积极地体验过之后，它们才能够成为社会意识。”[1]威廉斯强调情感结构可以被界定为流动中的社会体验。正在形成中的意识看似不起眼，可实际上却对人们的社会经历和行为产生了显而易见的压力，构成了有效的制约。在西方发达国家的申奥片中，通过视觉符号表现出的“种族和谐”、“多元文化”的情感要素，暴露出了处于文化帝国主义地位国家的文化优越心态。在经济欠发达国家的申奥片中，则流露出了处于转型期国家的复杂心境，他们一方面通过各种现代化符号呈现出本国最高水平的经济、文化实力，另一方面又混杂着亲善性符号对西方发达国家进行着视觉上的情感沟通。在这种矛盾的表征背后隐藏着这些国家在社会转型过程中悄悄发生着的新旧社会价值观的变更。

[1] 殷企平、胡玲玲：《论〈我们如今的生活方式〉中的情感结构》，外语教学，2003年1月。

申奥片对于国家形象的视觉表征是通过国家与民族主义手法来处理的，在这其中表象起到了特有的作用。它有助于在均质的影像中提供一种国家形象和对国家身份的再定义。“国家与民族性影像”的范式在申奥影像中起着支配性的表征范式的作用，其范式包括紧凑性、景观性、移情性、日常性、亲切性5个要素，在申奥片针对国家与民族性的视觉表述过程中，国家形象围绕着各种特定的主题：城市景观、民俗文化、儿童与少年、集会和庆典中展开的。这些主题的视象有助于将本国独特的形象和文化在跨文化传播语境中清晰地显现出来。支配性的表征范式概念来自库恩，并被投射到福柯所提出的知识和权利的话语理论中去，显然库恩的思想有助于我们更好地解释申奥片中国家与民族性影像范式，以及身处跨文化传播语境中的申奥片导演们的观念和视觉影像间的联系。

申奥片中的“文化混杂”现象是各国“文化差异”的现实影像再现。文化差异着眼于西方文化对东方文化的冲击，后殖民、移民文化对于西方现代性观念的影响。视觉影像所呈现出的“传统与现代”、“国家话语与民间话语”、“大众文化与精英文化”、“殖民与后殖民”的“文化混杂”现象背后的历史动因是消费社会和工业社会的置换、文化与政治的分离、后殖民移居的历史等。在跨文化传播中不应再将文化看作固有的本源，根深蒂固的文化本质主义的观念正在打破。既要承认全球化世界中“文化混杂”的现实，同时也要把世界中各国、各民族之间的文化差异看作一个复杂的、持续的协商过程。

传媒为我们提供了特定的历史叙事，但传媒在构建历史事件时，由于意识形态、经济与环境的影响，不可避免地带有对历史事件的主观框选，甚至是策划与营造着整个媒介事件，人们通过传媒所看到的事件不再是对真实历史事件的描摹，而是被传媒打上了种种意识形态注脚的传媒镜像。申奥片通过组织传播和大众传播两个传播渠道对本国的国族身份进行着建构，以期在跨文化传播中寻求文化认同。第三国家的评委们在群体性认知上的同质化倾向使对中国这样的经济欠发达国家具有了主观上的“第三世界申奥国家”的身份建构。西方国家除了将发展中国家臆测为政治上的假想敌之外，还对强势文化的附属国家存在着奇观窥视的期待。

全球化时代，大众媒体已成为全世界权威性的信息源和国际事务的参与者或执行者。通过全球化的大众媒介构建的国家形象与国家本体之间共同构成了国家形象的复合体。经由媒体展现出的国家形象并非国家状况的客观再现。媒体在跨文化传播中所塑造的国家形象，不仅受到媒体自身力量的限制，更受到经济利益和意识形态的支配。尽管说国家行为及实力才是真实国家形象的客观基础和基本内涵，但国家形象在跨文化语境中的树立离不开大众传播。大众媒体通过视觉化的表征符号影响着公众的舆论，并在全球公众心目中“投射”国家形象。

参考文献

[1] 孟建主编.图像时代：视觉文化传播的理论诠释[M].上海：复旦大学出版社,2005.

[2] 索绪尔，F.高名凯译，普通语言学教程[M].北京：商务印书馆,2002.

[3] 巴特，R.黄天源译,符号学原理[M].桂林：广西民族出版社,1992.

[4] 李幼蒸. 历史符号学[M].桂林：广西师范大学出版社,2003.

[5] 陈宗明. 符号世界[M].武汉：湖北人民出版社,2004.

[6] F·詹姆森,唐小兵译.后现代主义与文化理论[M].北京：北京大学出版社,1997.

[7] J.Z.爱门森编.国际跨文化传播精华文选[M].杭州：浙江大学出版社,2007.

[8] 埃弗雷特·M.罗杰斯(美).创新的扩散[M].北京：中央编译出版社,2002.

[9] 爱德华·W.萨义德(美),王宇根译.东方学[M].北京：东方出版社,1989.

[10] 爱德华·赫尔曼，罗伯特·麦克切斯尼(美)，甄春亮等译.全球媒体——全球资本主义的新传教士[M].天津：天津人民出版社,2001.

[11] 安德鲁·古德温等编.电视的真相[M].北京：中央编译出版社,2001.

[12] 安东尼·D.史密斯(英),龚维斌等译,全球化时代的民族与民族主义[M]. 北京：中央编译出版社,2002.

[13] 安东尼·史密斯(英),叶江译.民族主义：理论,意识形态,历史[M].上海：上海人民出版社,2006.

[14] 安吉拉·默克罗比.后现代主义与大众文化[M].北京：中央编译出版社,2001.北京：华夏出版社,2000.

[15] 本尼迪克特·安德森(美),吴叡人译.想象的共同体——民族主义的起源与散布[M].上海：上海人民出版社,2005.

[16] 彼得斯(美)，何道宽译.交流的无奈——传播思想史[M].北京：华夏出版社,2003.

[17] 波德里亚,刘成富等译.消费社会[M].南京：南京大学出版社,2001.

[18] 蔡国芬主编.国际传播与对外宣传[M].北京：北京广播学院出版社,2000.

[19] 常昌富,李依倩编选，关世杰译.大众传播学：影响研究范式[M].北京：中国社会科学出版社,2000.

[20] 沉苏儒.对外传播学概要[M].北京：今日出版社,1999.

[21] 陈晓云.视觉神话——影视文化的深层结构[M].天津：天津社会科学院出版社,2000.

[22] 大卫·波德维尔,克丽丝汀·汤普森,彭吉象译.电影艺术——形式与风格[M].北京：北京大学出版社,2003.

[23] 戴安娜·克兰.文化生产：媒体与都市艺术[M].南京：译林出版社,2001.

[24] 戴锦华主编.书写文化英雄——世纪之交的文化研究[M].南京：江苏人民出版社,2000.

[25] 戴维·莫利,凯文·罗宾斯(英)，司艳译.认同的空间——全球媒介、电子世界景观与文化边界[M].南京：南京大学出版社,2001.

[26] 丹尼尔·戴扬,伊莱休·卡茨，麻争旗译.媒介事件[M].北京：北京广播学院出版社,2000.

[27] 单波,石义彬主编.跨文化传播新论论文集[M].武汉：武汉大学出版社,2005.

[28] 邓尼斯·K.姆贝(美),陈德民等译.组织中的传播和权力：话语、意识形态和统治[M].北京：中国社会科学出版社,2000.

[29] 丁宁.图像缤纷——视觉艺术的文化维度[M].北京：中国人民大学出版社,2005.

[30] 多米尼克·斯特里纳蒂.通俗文化理论导论[M].北京：商务印书馆,2001.

[31] 菲德勒(美)，明安香译.媒介形态变化：认识新媒介[M].北京：华夏出版社,2000.

[32] 弗雷德里克·詹姆逊(美),胡亚敏等译.文化转向[M].北京：中国社会科学出版社,2000.

[33] 高亚春.符号与象征——波德里亚消费社会批判理论研究[M].北京：人民出版社,2007.

[34] 贡布里希.艺术与幻觉[M].杭州：浙江摄影出版社,1987.

[35] 哈贝马斯(德),曹卫东等译.公共领域的结构转型[M].上海：学林出版社,1999.

[36] 赫尔曼、麦克切斯尼(美),甄春亮等译.全球媒体：全球资本主义的新传教士[M].天津：天津人民出版社,2001.

[37] 黄良.镜头真与美——影视新闻传播美学[M].云南人民出版社,2002.

[38] 霍尔,韩海深译.超越文化[M].重庆：重庆出版社,1990.

[39] 教军章,刘双.组织传播[M].哈尔滨：黑龙江人民出版社,2000.

[40] 金元浦.文化研究：理论与实践[M].开封：河南大学出版社,2004.

[41] 居伊·德波(法),王昭凤译.景观社会[M].南京：南京大学出版社,2006.

[42] 凯瑟林·米勒(美)，袁军等译.组织传播[M].北京：华夏出版社,2000.

[43] 克里斯蒂安·麦茨(法),王志敏译.想象的能指——精神分析与电影[M].北京：中国广播电视出版社,2006.

[44] 克里斯丁·麦茨等,李幼蒸译.电影与方法：符号学文选[M].北京：生活·读书·新知三

联书店,2002.

[45] 拉里·A.萨默瓦、理查德·E·波特(美),闵惠泉等译.跨文化传播[M]. 北京：中国人民大学出版社,2004.

[46] 李鸿祥.视觉文化研究——当代视觉文化与中国传统审美文化[M].北京：中国出版集团,2005.

[47] 理查德·豪厄尔斯(英),葛红兵等译.视觉文化[M].广西：广西师范大学出版社,2007.

[48] 刘双,于文秀.跨文化传播[M].哈尔滨：黑龙江人民出版社,2000.

[49] 陆扬、王毅.大众文化与传媒[M].上海：上海三联书店,2000.

[50] 罗伯特·福特纳(美),刘利群译.国际传播：全球都市的历史、冲突及控制[M].北京：华夏出版社,2000.

[51] 罗伯特·考克尔,郭青春译.电影的形式与文化[M].北京：北京大学出版社,2004.

[52] 罗钢,刘相愚主编.后殖民主义文化理论[M]. 北京：中国社会科学出版社,1999.

[53] 罗钢,刘相愚主编.文化研究读本[M]. 北京：中国社会科学出版社,2000.

[54] 马尔科姆·巴纳德(英),常宁生译.理解视觉文化的方法[M].北京：商务印书馆,2005.

[55] 马歇尔·麦克卢汉(加),何道宽译.理解媒介——论人的延伸[M].北京：商务出版社,2000.

[56] 迈克尔·辛格尔特里(美),刘燕南等译.大众传播研究：现代方法与应用[M].北京：华夏出版社,2000.

[57] 孟繁华,传媒与文化领导权.当代中国的文化生产与文化认同[M].山东：山东教育出版社,2003.

[58] 尼古拉斯·米尔佐夫(美).视觉文化导论[M].江苏：江苏人民出版社,2006.

[59] 尼克·史蒂文森(英),认识媒介——社会理论与大众传播[M].王文斌译，北京：商务印书馆,2001.

[60] 尼克·史蒂文生(英),王文斌译.认识媒介文化：社会理论与大众传播[M].北京：商务印书馆,2001.

[61] 盘剑.映象的创造：影视艺术本文创作与观众接受的双向研究[M].北京：中国文联出版社,2001.

[62] 钱家渝.视觉心理学[M].上海：学林出版社,2006.

[63] 乔纳森·弗里德曼(美),郭建如译.文化认同与全球性过程[M]. 北京：商务印书馆,2003.

[64] 史蒂夫·莫滕森编选，关世杰等译.跨文化传播学：东方的视角[M].北京：中国社会科学出版社,1999.

[65] 斯图尔特·霍尔(英),徐亮等译.表征——文化表象与意指实践[M].北京：商务印书馆,2003.

[66] 汤林森(英),冯建三译.文化帝国主义[M].上海：上海人民出版社,1999.

[67] 陶东风等主编.文化研究第二辑[M].天津：天津社会科学院出版社,2002.

[68] 陶东风等主编.文化研究第三辑[M].天津：天津社会科学院出版社,2002.

［69］陶东风等主编.文化研究第四辑［M］.天津：天津社会科学院出版社，2003.

［70］陶东风等主编.文化研究第一辑［M］.天津：天津社会科学院出版社，2000.

［71］王逢振主编.电视与权力［M］.天津：天津社会科学院出版社，2000.

［72］王令中.视觉艺术心理［M］.北京：人民美术出版社，2005.

［73］王岳川.中国镜像——90年代文化研究［M］.北京：中央编译出版社，2001.

［74］沃纳·赛佛林，小詹姆斯·坦卡德（美），郭镇之等译.传播理论——起源、方法与应用［M］. 北京：华夏出版社，2000.

［75］乌尔里希·贝克等.自反性现代化［M］.北京：商务印书馆，2001.

［76］吴士余主编.大众文化研究［M］.上海：上海三联书店，2001.

［77］雅克·拉康，让·鲍德里亚等.视觉文化的奇观——视觉文化总论［M］.北京：中国人民大学，2005.

［78］叶朗主编.现代美学体系［M］.北京：北京大学出版社，1999.

［79］尹鸿，李彬.主编全球化与大众传媒：冲突·融合·互动［M］.北京：清华大学出版社，2002.

［80］尹一鸿.世纪转折时期的中国影视文化［M］.北京：北京出版社，1998.

［81］约翰·伯格（英），刘惠媛译.看［M］. 广西：广西师范大学出版社，2005.

［82］约翰·菲斯克.解读大众文化［M］.南京：南京大学出版社，2001.

［83］约翰·斯道雷.文化理论与通俗文化导论［M］.南京：南京大学出版社，2001.

［84］詹姆斯·W·凯瑞（美），丁未译.作为文化的传播——媒介与社会论文集［M］.北京：华夏出版社，2005.

［85］张传开.西方哲学通论［M］.合肥：安徽大学出版社，2003.

［86］张京媛主编.后殖民理论与文化批评［M］.北京：北京大学出版社，1999.

［87］张昆.国家形象传播［M］.上海：复旦大学出版社，2005.

［88］张云鹏，文化权：自我认同与他者认同的向度［M］.北京：社会科学文献出版社，2007.

［89］中川作一（日），许平等译.视觉艺术的社会心理［M］.上海：上海人民美术出版社，1991.

［90］钟大年，郭镇之，王纪言主编.电视跨国传播与民族文化［M］.北京：北京广播学院出版社，1998.

［91］周宪主编.世纪之交的文化景观［M］.上海：上海远东出版社，1998.

［92］Marita Sturken，Lisa Cartwright.Practices of Looking：An Introduction to Visual Culture［M］.Oxford University Press，2001.

［93］Gillian Rose.Visual Methodologies：An Introduction to Interpreting Visual Objects［M］. Sage Publications，2001.

［94］Joanne Morra，Marquard Smith.Visual culture ：critical concepts in media and cultural studies / edited［M］.London：Routledge，2006.

［95］Victor Burgin.In/Different Spaces：Place and Memory in Visual Culture［M］. University of California Press，1996.

[96] Edward S. Herman, Noam Chomsky. Manufacturing Consent: The Politic al Economy of the Mass Media Pantheon Books(October 1988).

[97] Harold A. Innis. The Bias of Communication 1951. Intro. Marshall McLuhan. Toronto: Univerity of Toronto Press, 1964. Univ of Toronto Pr; Reprint edition, New Intro(October 1991).

[98] Peter Golding, Phil Harris. Beyond Cultural Imperialism: Globalisation, communication and the new international order. Sage, 1997.

[99] Will Brooker and Deborah Jermyn Routledge. The Audience Studies Reader. December 2002.